将軍・執権・連署

鎌倉幕府権力を考える

日本史史料研究会【編】

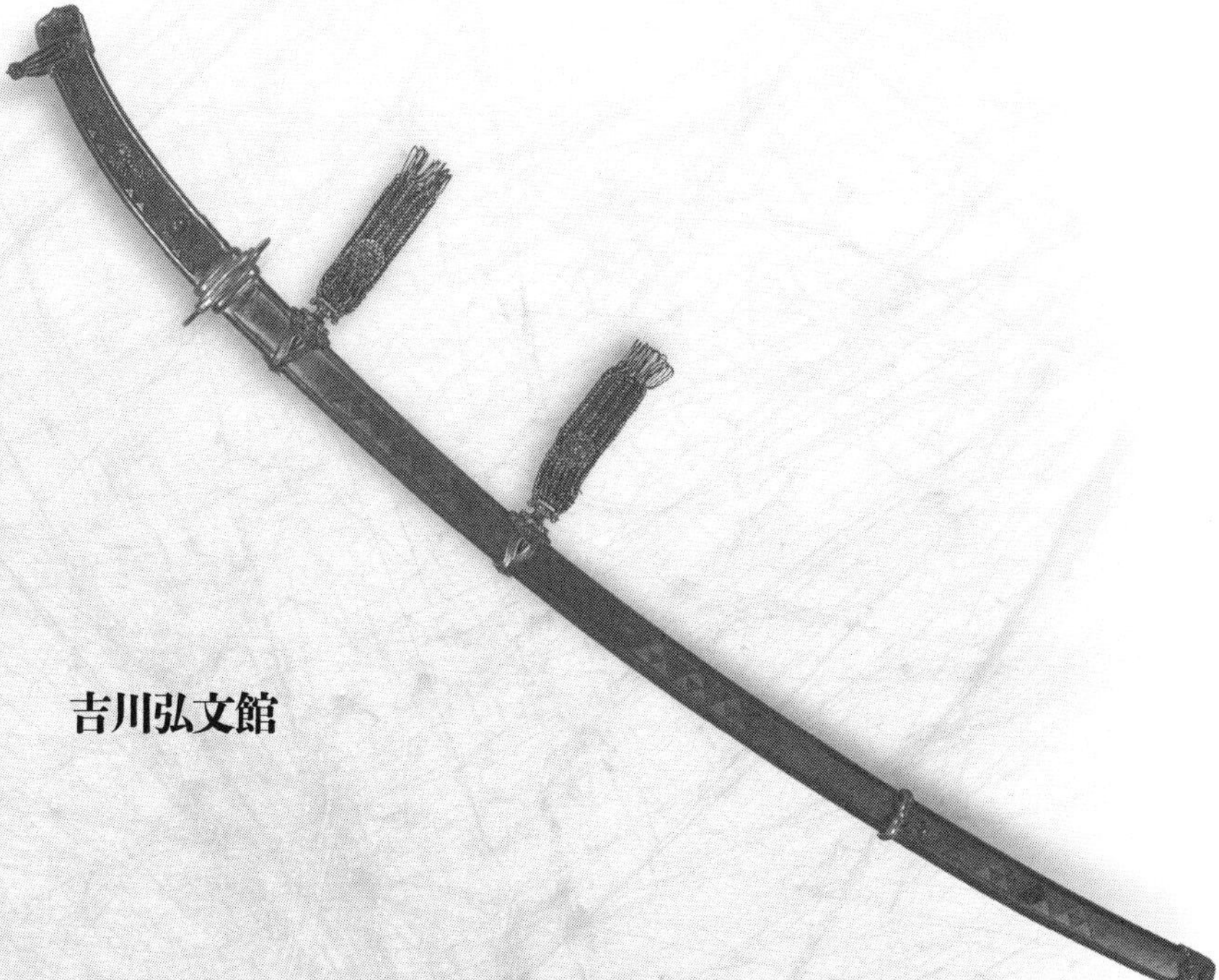

吉川弘文館

目　次

はじめに
——新たな鎌倉幕府研究の礎をめざして——

細川重男

一　『将軍・執権・連署』出版までの経緯

本書『将軍・執権・連署—鎌倉幕府権力を考える—』（以下、本書）は、平成二十七年（二〇一五）十一月二十日付刊行の『鎌倉将軍・執権・連署列伝』（日本史史料研究会監修・細川重男編。吉川弘文館）の刊行記念事業として開催された二回の公開シンポジウム（主催：日本史史料研究会、共催：（株）吉川弘文館）での報告・質疑内容を元にしたものである。

第一回「鎌倉将軍権力を考える—将軍・執権・連署—」は同年十一月二十二日（日）、神奈川県横浜市の開港記念会館を会場に定員百名で、第二回「鎌倉将軍権力を考える2—将軍・執権・連署—」は翌平成二十八年五月八日（日）、東京都文京区の文京区民センターを会場に定員二百名でおこなわれた。

本書の内容とも関わるので、両シンポジウムの報告題名などを記すと次のようになる。

〈第一回〉

第1部　摂家将軍と親王将軍

【司会】　細川重男

【報告】　関口崇史　「摂家将軍」

久保木圭一　「親王将軍」

第2部　鎌倉幕府連署制の成立と展開

【司会】　伊藤一美

【報告】　久保田和彦　「鎌倉幕府連署制の成立と展開」

【司会】　細川重男・伊藤一美

第3部　全体討論

【パネリスト】　報告者及び菊池紳一・下山忍・鈴木由美・森幸夫

〈第二回〉

【司会】　伊藤一美・関口崇史

【報告】　菊池紳一　「頼家・実朝と武蔵国」

森幸夫　「執権・連署と六波羅探題」

小池勝也　「鎌倉将軍家の子弟と門跡」

鈴木由美「鎌倉期の『源氏の嫡流』について」

全体討論

【パネリスト】報告者及び久保木圭一・久保田和彦・細川重男

鎌倉幕府研究者であり『鎌倉将軍・執権・連署列伝』の編者である私が言うのもナンであるが、一回目の開催とそのテーマ・報告題名を聞いた時、私はありがたくはあったものの、「室町幕府・戦国時代研究が花盛りな今、これで参加者が何人来るのか?」と正直、疑問に思った。ところが、当日の会場は、研究者を含めた参加者でほぼ満席であった。そこで二回目の開催が決まったのであるが、参加者定員を倍にすると聞いて、私はこれまた正直なところ、「だいたい本の刊行記念シンポを二回やるということがあるのか? 二匹目のドジョウはおるまい」と思った。しかし、当日の会場は、やはりほぼ満席であった。柳の下の二匹目は巨大ドジョウであった。かつ、一回目・二回目共に、質疑は鎌倉将軍関係の質問が非常に多かったのである。私にとっては望外の喜びであったと同時に、「学界(研究者間)のブームと歴史愛好者の人々のニーズには、大きな溝があるのではないか?」という思いが浮かんだ。

二　鎌倉幕府と将軍・執権・連署

さて、本書は、ややこしくて分かり難《にく》い鎌倉幕府の権力構造を主題としている。そこで、以下、本書を読む手助けとなるよう将軍・執権《しっけん》・連署《れんしょ》の歴史について略述する。

日本最初の武家政権（武士の政府）は、平清盛《たいらのきよもり》の築いた平氏政権である。だが、平氏政権は既存の支配機構である朝廷と一体のものであった。これに対し、源頼朝《みなもとのよりとも》の創始した鎌倉幕府は、客観的には朝廷とは別個の組織である。ここに江戸幕府の滅亡まで七百年近く、日本には朝廷と武家政権という二つの政権が同時存在し、しかも中国の三国時代のように国土が分割支配される他国の分裂時代とは異なり、朝廷と武家政権は共に全国を支配していることになっているという、他の国の人々からすれば奇妙としか言いようの無い歴史が続くことになるのである。

日本には鎌倉幕府・室町幕府、織田《おだ》・豊臣《とよとみ》政権（織豊《しょくほう》政権）をはさんでの江戸幕府という三つの幕府が存在したが、幕府は「征夷大将軍《せいいたいしょうぐん》を首長とする武家政権」と定義することができる。これは建久三年（一一九二）七月十二日に源頼朝が征夷大将軍に任官（朝廷の役職である官職に任じられること）し、以降の幕府首長が全員、征夷大将軍に任官したからである。つまり、正確には「幕府の首長（鎌倉幕府での呼称は『鎌倉殿』）が朝廷（天皇）から任じられる官職が征夷大将軍であった」ということである。

鎌倉幕府の将軍（以下、鎌倉将軍）は九人であるが、鎌倉将軍は室町幕府の足利《あしかが》氏・江戸幕府の徳川《とくがわ》氏のように、一つの家で世襲されることが叶《かな》わなかった。頼朝の家系、源氏将軍家は三代で断絶し、四代・五代将軍は頼朝の妹の血を引く王朝貴族九条家の人となった。九条《くじょう》家は摂関家《せっかんけ》（摂政《せっしょう》・関白《かんぱく》を出す貴族の最高家格）であり、これを摂家《せっけ》将軍と呼ぶ。六代から九代までは、天皇の子または孫である親《しん》王《のう》が将軍となり、親王将軍・宮《みや》将軍と呼ばれる。

いずれにしろ、鎌倉将軍は、鎌倉幕府の構成員である御家人《ごけにん》の主人であり、鎌倉将軍は唯一の鎌倉幕府の首長であった。

しかし、現実には、将軍の「御後見」役とされる執権という役職が置かれる。初めは一人であったが、元仁元年（一二二四）から二人制となり、副執権は連署と呼ばれるようになる。執権・連署は、頼朝の妻北条政子《ほうじょうまさこ》の実家北条氏の家職となり、北条氏は次第に主人である鎌倉将軍から権力を奪ってゆく。

鎌倉将軍は、すでに記したように九人であるが、三代将軍源実朝《さねとも》が暗殺されてから、京都より鎌倉にやって来た後の四代将軍九条頼経《よりつね》の幼少期に、将軍の権力を代行した北条政子は世に「尼《あま》将軍」と呼ばれ、女性であり、言うまでも無く征夷大将軍にも任官しなかったが、事実としても将軍権力を行使しており、政子を加えると鎌倉将軍は、十人となる。

執権は十六人であるが、鎌倉幕府滅亡当日に執権に就任した可能性がある北条氏一門金沢貞将《かねさわさだゆき》を加えれば十七人である。このうち、連署に就任してから執権に昇進した者が五人。そして連署のみに就任した者は八人である。

また、承久三年（一二二一）に朝廷と鎌倉幕府が武力衝突した承久《じょうきゅう》の乱の後、京都に設置された鎌倉幕府の西国《さいごく》（西日本）支配機関、六波羅探題《ろくはらたんだい》の二人の長官、北方《きたかた》探題・南方《みなみかた》探題、鎌倉後期に設置された鎮西《ちんぜい》（九州）支配機関、鎮西探題の長官も、執権・連署と同様に北条氏の独占するところであった。

さらに、鎌倉後期には、執権・連署と共に幕府中枢の役職である寄合衆《よりあいしゅう》・引付頭人《ひきつけとうにん》・評定衆《ひょうじょうしゅう》・引付衆の四割程度が北条氏一門であった。

そして繁栄し多くの家系に分かれた北条氏の中でも、その嫡流《ちゃくりゅう》（本家）である得宗《とくそう》家の当主「得宗」は、北条氏全体の当主でもあり、この得宗に権力が集中してゆく。たとえば、蒙古襲来《もうこしゅうらい》期の執権であった北条時宗《ときむね》は、ほぼ完全に将軍権力を代行する、いわば「将軍権力代行者」とでも言うべき地位に就くのである。

源頼朝が鎌倉に入った治承四年（一一八〇）十月六日から数えて一五三年後、元弘三年（一三三三）五月二十二日、鎌倉幕府は滅亡するが、すでに執権を辞職して僧形となっていた最後の得宗（時宗の孫）高時の自刃をもって、当時の人々は鎌倉幕府の滅亡と理解した。最後の鎌倉将軍であった守邦親王は、この日、どこで何をしていたかも伝わっていない。

四代から八代までの五人の将軍は全員、北条氏・得宗の意向で将軍を辞職し京都に送られている。しかも、五代将軍九条頼嗣《よりつぐ》と七代将軍惟康《これやす》親王は、鎌倉生まれであったにもかかわらず。それでも、鎌倉将軍は鎌倉幕府の主人・首長であり、北条氏・得宗は将軍の家臣である御家人の一人であった。

三　道標・礎

本書は各章毎《ごと》に文体や構成が大きく異なっている。一般向け書籍であることを意識して平易な文章で概説的に書かれたものから、学術論文そのものであるものまでである。共通するのは、執筆者各人が興味や疑問を抱《いだ》いて追究した課題について、現時点で到達した結論を、読者に正確に伝えようとする〝執念〟とも言うべき意欲である。

文章には、執筆者の価値観を含めた全人格が反映される。読者には、この点にも留意して本書を読んでいただければ、読書の楽しさが、また一つ増えるのではないかと思う。

ところで、右の「二　将軍・執権・連署の歴史」を読んで、読者は多くの疑問をいだいたのではなかろうか。たとえば、「北条氏は、どうして自分で将軍にならなかったのだろうか?」とか、「北条氏は、なぜこのような大きな権力を鎌倉幕府で手に入れたのか?」など。

本書の各章に、読者のいだいた疑問に対する答、あるいは答へのヒントが記されているかもしれない。逆に、本書を読んだ結果、さらに多くの疑問が浮かぶこともあるだろう。そうしたら、各章に紹介されている参考文献を手掛かりに、本や史料を自身で手に取り、読んで、調べて、考えてみてほしいと思うのである。本書が、読者が「読んで、調べて、考える」ための道標《みちしるべ》となってくれることを願っている。自分で「読んで、調べて、考える」こと、それがすなわち「研究」という行為である。歴史研究は、「歴史学者」とかいう人々だけのものではない。

また、本書を作るきっかけとなった『鎌倉将軍・執権・連署列伝』は、今から四十四年前、昭和四十九年（一九七四）に刊行された安田元久氏編『鎌倉将軍執権列伝』（秋田書店）の後継本を目指して作成された。ある時点で「最前線」であった研究は、月日がたてば「先行研究」となる。歴史研究は、常に前進してゆく。本書もまた、あらたな研究の礎《いしずえ》となってくれたなら幸いである。

源氏将軍

伝源頼朝坐像
（東京国立博物館蔵　Image: TNM Image Archives）

鎌倉期の「源氏の嫡流」

鈴木由美

はじめに

タイトルにも使用した「源氏の嫡流《ちゃくりゅう》」という言葉であるが、一般的に、鎌倉幕府初代将軍の源頼《みなもとのより》朝《とも》は「源氏の嫡流」であったとされている。『日本国語大辞典』（小学館）によると、「嫡流」は「嫡子から嫡子へと家督《かとく》を伝えていく本家の血すじ。また、正統の血統。正統の流派。嫡統。正系」とある。しかし、「源氏の嫡流」という言葉は、実は鎌倉時代の史料では確認できない。鎌倉時代の史料では「源氏正統《しょうとう》」（『吾妻鏡《あずまかがみ》』建保四年〈一二一六〉九月二十日条。以下、『吾妻鏡』は『鏡』と略称）「一門棟《とう》梁《りょう》」（『鏡』文治四年〈一一八八〉三月十五日条）と記されている。本章では、「源氏の嫡流」を「清和《せいわ》源氏（清和天皇の子孫の源氏）の本家、正統」の意味で使用する。

清和源氏は、源頼朝が属する河内《かわち》源氏（源頼信《よりのぶ》の子孫）など、いくつかに分かれている（章末【清和源氏略系図】参照）。本章で「源氏の嫡流」の「源氏」を「河内源氏」ではなく「清和源氏」とした理由は、頼朝が自らを清和源氏と認識し（『鏡』寿永元年〈一一八二〉二月八日条）、清和源氏ではあるが河内源氏ではない源広綱《ひろつな》（摂津《せっつ》源氏。源頼政《よりまさ》の子、兄仲綱《なかつな》の猶子《ゆうし》〈相続権のない養子〉）をも一族として遇している（『鏡』元暦元年〈一一八四〉五月二十一日条）ためである。

源頼朝は、自らを前九年《ぜんくねん》の役《えき》（陸奥《むつ》で起こった安倍《あべ》氏の反乱）で活躍した源頼義《よりよし》の嫡流であるとし、「源氏の嫡流」と位置づけ、幕府創立の過程や幕府成立後も、他の源氏一門に対して優位性を確立しようとしていたことが指摘されている。

また、室町幕府を開き将軍となった足利《あしかが》氏は、鎌倉時代には将軍の家臣である御家人《ごけにん》であった。その足利氏は、鎌倉幕府三代将軍源実朝《さねとも》の没後から「源氏の嫡流」として遇されたと一般にいわれている。しかし、鎌倉時代の足利氏が「源氏の嫡流」であったとする同時代の史料は確認できず、鎌倉時代の足利氏は「源氏の嫡流」ではなかったという見解もまた存在する。

加えて、鎌倉時代後期に「将軍は源氏であるべきだ」という源氏将軍観が高揚したことにより、源氏が将軍に担がれるのを阻止するために、北条氏が足利氏をあえて「源氏の嫡流」と認定し、足利氏を親王将軍の近臣として抱え込んだとする意見もある。

本章では、鎌倉時代を通じて「源氏の嫡流」が存在したのか、三代将軍源実朝没後の鎌倉時代において足利氏が「源氏の嫡流」と周囲に認識されていたのか、あわせて鎌倉時代後期に源氏将軍観の高揚があったのかについて考えたい。

一　源氏の嫡流

1　頼朝と実朝の認識

本項ではまず、源頼朝が、源頼義を意識して行動した事例を述べる。

頼朝は、文治五年の奥州合戦の際に、千葉常胤《ちばつねたね》に頼義の先例に合わせた旗を作らせた（『鏡』同年七月八日条）。同年九月十八日に、頼朝に敗れた本吉高衡《たかひら》（奥州藤原《おうしゅうふじわら》氏三代藤原秀衡《ふじわらのひでひら》の四男）と、奥州藤原氏四代藤原泰衡《やすひら》の後見人である熊野別当《べっとう》が降人《こうにん》となった時も、康平五年（一〇六二）九月十七日に頼義が厨川柵《くりやがわのさく》で安倍貞任《さだとう》らの首を得たことを先例として厨川という土地を意識し（『鏡』文治五年九月十八日条）、泰衡の首を晒《さら》す際にも、首を打ち付ける釘の長さまで、頼義が貞任を梟首《きょうしゅ》した例に合わせる（『鏡』文治五年九月六日条）などしていた。

頼朝は、自らが武家政権の長となるための正当性の担保のために、頼義を「御曩祖《のうそ》」（御先祖）（『鏡』治承四年〈一一八〇〉九月十一日条）として自身を頼義の「嫡流」と位置づけ、東国武士や他の源氏一門に対して自らを「源氏の嫡流」と認めさせるための演出をしたのである。

『鏡』以外でも、貞応二・三年（一二二三・二四）に書かれた『六代勝事記《ろくだいしょうじき》』には、承久《じょうきゅう》の乱で頼朝の妻北条政子《ほうじょうまさこ》が御家人達を集めて語った中に「故大将家（頼朝）、伊与入道（源頼義）・八幡太郎（源義家）の跡を継ぎて東夷を育《はぐく》むに」とあり、頼朝が頼義・義家《よしいえ》（頼義の長男。前九年・後三年の役で活躍）の後継者であることを特記している。

次に、頼朝が自身を「源氏の嫡流」と位置づけ、他の源氏一門との差別化をはかった事例を検討したい。

文治四年三月、鶴岡八幡宮《つるがおかはちまんぐう》で法会が行われた際の行列で、頼朝が甲斐《かい》源氏（河内源氏義光《よしみつ》流）の武田《たけだ》有義《ありよし》に剣を持つ役をさせようとしたところ、有義が渋った。頼朝は、有義が平清盛《たいらのきよもり》の子重盛《しげもり》の剣を持つ役を務め、これを自慢していたことを指摘し、「重盛は別の一族ではないか。頼朝は源氏一門の棟梁である（「これは一門棟梁なり」）。どちらが偉いというのか」と怒ったという（『鏡』同月十五日条）。

翌文治五年七月、頼朝は奥州合戦に参加するために「無文白旗《むもんのしらはた》」を掲げてきた佐竹秀義《さたけひでよし》（甲斐源氏と同じく河内源氏義光流）を咎《とが》め、扇を与えて旗の上に付けさせた（『鏡』同月二十六日条）。白旗は清和源氏の旗であり、秀義の旗の上に扇を付けさせることにより、「無文白旗」は「源氏の嫡流」である自分のみが使用できる旗であるとしたのである。

また、頼朝は、御家人を門葉《もんよう》（源氏一門）・家子《いえのこ》（頼朝の親衛隊）・侍《さむらい》（門葉・家子以外の一般の御家人）にランク分けしていた。頼朝は源氏一門である門葉より上、鎌倉幕府の頂点に自らを置いたのである。

次に、頼朝の子、三代将軍源実朝の認識を見てみたい。

急速に官職を昇進させる実朝に対し、大江広元《おおえのひろもと》は、子孫の繁栄を願うのなら、現在就く征夷大将軍《せいいたいしょうぐん》以外の官職は辞任すべきである、と諫めた。実朝は、「源氏正統」を子孫が継ぐことは決してないから、せめて自分が高い官職に就いて家名を挙げたいのだ、と答えた（『鏡』建保四年九月二十日条）。実朝には子がいないため、「源氏正統」が自らで絶えると思っていたのである。

実朝は、自らを頼朝から連なる「源氏正統」＝「源氏の嫡流」であると認識していたのである。

2　「嫡流」という認識

「源氏の嫡流」という認識を持っていたのは、源頼朝や実朝だけではなかった。治承年間には、頼朝と同じく源頼義の子孫である新田義重《にったよししげ》も、自らを「故陸奥守《（源義家）》嫡孫」としていた（『鏡』治承四年九月三十日条）。源頼義の長男義家の嫡孫、つまり「源氏の嫡流」であると認識していたのである。

次に、広く「嫡流」という認識について、秀郷《ひでさと》流藤原氏の事例を検討する。

奥州藤原氏三代の藤原秀衡は、平将門《たいらのまさかど》の乱を鎮圧した藤原秀郷の「嫡流の正統」と言われている（『鏡』文治五年九月七日条）。同じく秀郷の子孫の小山朝政《おやまともまさ》も、秀郷流藤原氏の「門葉の棟梁」と言われている（『鏡』養和元年〈一一八一〉閏二月二十三日条）。また、秀郷流藤原氏の出身であった歌人西行《さいぎょう》も、自らを「秀郷朝臣以来九代の嫡家」としている（『鏡』文治二年八月十五日条）。

「嫡流」がいくつも存在するわけはない。これらの事例に見るように、「嫡流」とは、当初はあくまでも自己主張に過ぎなかったのである。

頼朝が「源氏の嫡流」であるというのも、初期の段階では自己主張にすぎない。もし当初から頼朝が源氏一門を統率しうる「源氏の嫡流」であることが明らかなら、木曽義仲《きそよしなか》は単独で挙兵しなかったであろうし、一時頼朝から離れて義仲と行動を共にした安田義定《やすだよしさだ》をはじめ、一条忠頼《いちじょうただより》などの甲斐源氏の人々を頼朝が殺害する必要もなかったであろう。つまり、頼朝以前の源氏を含めた「嫡流」は、すべて自己主張にすぎず、客観的にはその氏族全体の上に立つ「嫡流」は存在しなかったのである。

だが、頼朝が「源氏の嫡流」であると主張し続け、治承《じしょう》・寿永《じゅえい》の内乱を勝ち抜き、鎌倉幕府を樹立した結果、頼朝は武家の棟梁鎌倉殿《かまくらどの》となり、「源氏の嫡流」となって自らの正当性を築いた。頼朝の主張は、表面上かもしれないが周囲に認められ、頼朝が作り上げた「源氏の嫡流」は、頼朝の子息二代将軍頼家《よりいえ》を経て実朝に引き継がれた。頼家については「源氏の嫡流」であったとする史料はないが、頼朝から実朝に「源氏の嫡流」が引き継がれる過程で頼家も「源氏の嫡流」となっていたと推測できよう。

実朝には、跡継ぎとなる子がいなかったため、実朝が存命のうちから後継者には後鳥羽《ごとば》上皇の皇子が予定されていた（『愚管抄《ぐかんしょう》』）。実朝没後に幕府が実朝の後継者として迎えようとしたのも、やはり後鳥羽の皇子であった。だが、後鳥羽の拒絶にあい、摂関家の九条道家《くじょうみちいえ》の子息三寅《みとら》（後の四代将軍九条頼《より》経《つね》）が四代将軍候補として迎えられる。三寅は源頼朝の妹の曽孫であり、頼朝と血縁があった。しかし、三寅が選ばれたのは、摂関家の出身であることが主要な理由であったと考えられる。

実朝が没し、「源氏の嫡流」もまた滅びた今、実朝の後継者、つまり頼朝の後継者となる者は、他の源氏では事足らずに、摂関家や皇族のような、高貴な身分の者でなければならないと考えられていたのであろう。

事実、摂関家出身の四代将軍頼経・五代将軍九条頼嗣《よりつぐ》の後の六代将軍に迎えられたのは、後嵯峨《ごさが》上皇の皇子宗尊《むねたか》親王であった。宗尊は頼朝と血縁関係はなく、もちろん源氏でもなかった。鎌倉幕府の有力御家人安達義景《あだちよしかげ》は、宗尊を将軍に迎えられたのは御家人が待ち望んでいたことであり、武家の名誉であると述べている（『鏡』建長四年〈一二五二〉八月六日条）。摂関家ですら、皇族の代理にすぎなかったのである。

二　鎌倉時代の足利氏の位置づけ

1　鎌倉時代の足利氏は「源氏の嫡流」か？

本項では、源実朝没後の鎌倉時代に、足利氏が「源氏の嫡流」と認識されていたのかを検討する。

先行研究では、実朝没後の鎌倉時代に、足利氏（本家当主）が「源氏の嫡流」であったといわれている。しかし、鎌倉時代の足利氏を「源氏の嫡流」とする史料は確認できず、鎌倉時代に足利氏が「源氏の嫡流」であるという認識が浸透していたかは不明であるという指摘もされている。

なお、足利氏の庶流今川《いまがわ》氏の今川了俊《りょうしゅん》が記した『難太平記《なんたいへいき》』によると、源義家が「我七代の孫に吾生まれ替りて天下を取るべし」と記した置文《おきぶみ》が足利家に伝わっていた。室町幕府初代将軍足利尊氏《たかうじ》の祖父家時《いえとき》は自分が七代目（実際は八代目）にあたるのに天下を取ることができないため、「我が命をつづめて、三代の中にて天下をとらしめ給へ」という置文を残して自害したという。了俊は、足利尊氏・直義《ただよし》兄弟とともに家時の置文を見て、尊氏・直義が「今天下を取る事ただこの発願《ほつがん》なりけり」と語ったと記している。義家の置文が足利家に伝わっていたのが事実であったとしても、足利家内で秘匿されていたものであるから、足利氏に対する周囲の認識には影響がないと考えるため、今は検討しない。

実朝没後の鎌倉時代に、足利氏が「源氏の嫡流」であったとする史料は、確認できた限り、『今川家譜《いまがわかふ》』と『今川記』である。

『今川家譜』には、実朝が没し源氏三代将軍家が滅亡した後に、源氏の棟梁の嫡子が代々相伝する宝物《ほうもつ》を、北条政子から足利義氏《よしうじ》（足利氏三代。母が政子の姉妹。章末【足利氏・北条氏婚姻関係図】参照）に賜ったとある。つまり、義氏が政子によって「源氏の嫡流」に認定されたとしている。『今川記』では、足利氏は、義氏以降代々北条氏と婚姻を結んでいたため（【足利氏・北条氏婚姻関係図】参照）、それにより源家の棟梁となったとする。北条氏との婚姻関係から、足利氏が「源氏の嫡流」となったというのだ。

しかし、『今川家譜』は原形が大永六年（一五二六）に成立したもので、『今川記』も戦国時代の成立である（『群書解題』第四）。足利氏が「源氏の嫡流」であるというのは、これらの史料が作成された戦国時代の認識である。一方、南北朝時代に作られた系図集『尊卑分脈《そんぴぶんみゃく》』の足利義康《よしやす》（足利氏初代）の項に、「今代《きんだい》相続源氏正統この流なり」とある。「今代」とは、「今の世」「現代」という意味である。つまり、『尊卑分脈』が作られた南北朝時代に、室町幕府の将軍であった足利氏が「源氏正統」である、と記しているにすぎない。いずれも、鎌倉時代に遡及して当てはめることはできない。

実朝没後の鎌倉時代の足利氏が「源氏の嫡流」であるとする、鎌倉時代の史料は確認できない。史料がないということは、実朝没後の鎌倉時代における足利氏は「源氏の嫡流」ではない、と解釈すべきである。

2　鎌倉時代初期の足利氏の位置づけ

それでは、「源氏の嫡流」でなければ、鎌倉時代の足利氏は周囲にどのように認識されていたのだろうか。足利氏は清和源氏の一流河内源氏である。源義家の三男義国《よしくに》の子義康が足利氏の祖である。義康は熱《あつ》田大宮司《だいぐうじ》藤原範忠《のりただ》の娘（範忠の父季範《すえのり》の養女）と結婚し、義兼《よしかね》が生まれた。源頼朝の母は熱田大宮司季範の娘であり、義兼は頼朝のいとこの子という関係になる。また義兼の妻は、頼朝の妻北条政子の姉妹であった。頼朝と足利氏は縁が深いことがわかる。

鎌倉時代初期の足利氏は、源頼朝の一族である「門葉」として、御家人ランキングの中では「家子」・「侍」より上位に位置づけられていた。また、三代将軍源実朝の妻を選ぶ際、実朝の母北条政子が候補にあげたのは、足利義兼の娘であった（『鏡』元久元年〈一二〇四〉八月四日条）。実朝の拒絶にあい、この婚姻は成らなかったが、足利氏は将軍家の妻を出せる家柄であったのである。

3　足利氏の特殊性

足利氏は、他の御家人と比べて特殊であったといわれている。その事例について検討したい。

建久五年（一一九四）十一月、足利義兼は鶴岡八幡宮で両界曼荼羅《りょうがいまんだら》（金剛界《こんごうかい》曼荼羅と胎蔵界《たいぞうかい》曼荼羅。真

言密教の宗教観を図で示したもの）と一切経《いっさいきょう》（仏教の経典の集成）の供養を行った（『鏡』同月十三日・十四日条、「八幡宮両界壇所供僧職二口」〈『鶴岡八幡宮寺諸職次第』〉）。八幡神は源氏の氏神《うじがみ》であり、鎌倉幕府の守護神ともいえる存在である。幕府にとっても将軍にとっても特別な存在である鶴岡八幡宮で、御家人である足利氏が法会を行ったのは、異例といえる。しかし、梶原景時《かじわらかげとき》も鶴岡八幡宮で法会を行っており（『鏡』文治四年三月十五日条）、御家人の中で足利氏のみが法会を行っていたわけではない。

加えて、足利氏は、鎌倉時代、鶴岡八幡宮に両界壇所《だんしょ》を構え、供僧《ぐそう》を代々補任《ぶにん》していた（「両界壇所供僧一方二口之内」、「両界供僧一方二口之内」〈『鶴岡八幡宮寺諸職次第』〉）。鶴岡八幡宮に両界壇所を置いたり、代々供僧を補任することができたのは、御家人では足利氏だけであった。

義兼が鶴岡八幡宮で法会を行い、さらに両界壇所を置くことができた理由は、義兼と源頼朝の血縁関係・姻戚関係によると考えられる。これが先例となって、足利氏は自らが設置した両界壇所の供僧の補任権を得たものであろう。

足利氏では、鎌倉幕府の行政・財政機関の長官である政所《まんどころ》別当に義氏が就任した（仁治二年〈一二四一〉五月一日付「将軍家政所下文」、出羽中条家文書、『鎌倉遺文』五八二七号）以外は、幕府要職に就任した形跡がない。このことは、足利氏の特殊性を表すともいえよう。だが、足利氏を含め北坂東に本拠地を持つ有力御家人のうち、幕府要職を世襲しているのは、下野宇都宮《しもつけうつのみや》氏だけである（引付衆《ひきつけしゅう》・評定衆《ひょうじょうしゅう》に世襲で就任している）。たとえば下野の有力御家人である小山氏や結城《ゆうき》氏も幕府要職を世襲していない。特殊なのは宇都宮氏の方で、宇都宮氏の幕府要職就任にこそ、意義づけをすべきではないか。足利氏の方が普通であるともいえよう。

さらに、足利氏嫡流は代々北条氏から妻を迎えている。これは北条氏が足利氏を服従させるためであるとか、足利氏の囲い込みを図ったものといわれる。しかし、北条氏の結婚相手で最も多いのは、同じ北条氏である。北条氏の家督である北条得宗《とくそう》家をはじめ幕府要職を務める北条氏有力庶家の娘が足利氏嫡流に嫁ぐケースが多いのは、北条氏の家格が向上した結果、特に鎌倉時代後期において、北条氏と結婚できる家格の家が、自らの一族北条氏を除くと、足利氏くらいしかいなくなってしまった結果ではないだろうか。足利氏の家格が高いことは間違いない。

あわせて、鎌倉幕府で正月三ヵ日に将軍を饗応する垸飯《おうばん》の沙汰人《さたにん》の順番は、幕府内の地位ランキングに対応しているといわれる。『鏡』から、足利氏が正月の垸飯沙汰人を務める様子がうかがえる（文治四年正月六日条など）。ここからも幕府内での足利氏の地位の高さがわかる。

将軍が用いていた袖判下文《そではんくだしぶみ》という様式の文書がある。袖判下文を発給したのは、御家人では北条氏と足利氏くらいであり、これは足利氏が北条氏と並ぶような社会的地位を築いていたことによるという指摘もされている。

4　鎌倉時代後期の足利氏に対する同時代人の認識

それでは、足利氏は、同時代人にどのように認識されていたのだろうか。鎌倉時代後期頃に生きた人物の評価を見てみたい。

後深草院二条《ごふかくさいんのにじょう》（久我雅忠《こがまさただ》の娘。後深草上皇に仕えた女房《にょうぼう》）が著した『とはずがたり』の、正応二年（一二八九）に鎌倉幕府八代将軍久明《ひさあきら》親王が京から鎌倉へ下向《げこう》した際の記事には、「御所には、当国司（北条貞時）、足利（貞氏）より、皆さるべき人々は布衣《ほうい》なり」とある。足利氏が時の執権、得宗北条貞時《さだとき》とともに特筆すべき人物であると後深草院二条に認識されていたことがわかる。

元亨三年（一三二三）十月に行われた北条貞時の十三回忌の記録「北条貞時十三年忌供養記」（円覚寺文書、『神奈川県史　資料編2　古代・中世（2）』二三六四号）を見ると、足利氏に「殿」と敬称がついている。北条氏や安達氏、摂津氏、長井《ながい》氏などにも「殿」と敬称がついており、いずれも幕府内で要職を務める人々である。足利氏は幕府の役職に就いてはいないが、極めて高い待遇を受けていたことがわかる。ただし、足利氏以外の安達氏などにも「殿」とあるので、足利氏のみが突出して格が高いというわけではない。

のちに南朝の重臣となる公卿、北畠親房《きたばたけちかふさ》の『神皇正統記《じんのうしょうとうき》』では、足利尊氏に対して、「足利氏は、源頼朝や実朝の時代にも、親族だからといって大目に見てもらえることもなく、ただの御家人として扱われていた。（中略）足利尊氏がたとえ源頼朝の子孫であったとしても、いまさら登用すべきとも思えない。まして長い間、御家人であったのだから、なおさらその必要はない」と記している。

他にも親房は、結城親朝《ちかとも》宛の書状のなかで、「源頼朝の時代に、（親朝の先祖）結城朝光《ともみつ》が頼朝によって選抜されたときも、足利氏は選ばれていない」と述べている（〈延元五年〈一三四〇〉〉四月七日付「法眼宣宗書状写」、結城古文書写有造館本　坤、『南北朝遺文　東北編』五〇五号）。結城氏を褒めるために足利氏を引き合いに出していることを考慮する必要はあるが、親房が鎌倉時代の足利氏を高く評価していないことはいえるであろう。

花園《はなぞの》天皇の日記『花園天皇宸記《はなぞのてんのうしんき》』元弘元年（一三三一）十一月五日条によれば、北条氏庶流の大仏貞直《おさらぎさだなお》が京から鎌倉へ下向する際、関東申次《かんとうもうしつぎ》（朝廷と幕府の連絡にあたった、朝廷側の窓口役）西園寺公宗《さいおんじきんむね》を通じて挨拶をしたため馬を給《たま》わったが、足利尊氏が下向した際には「一門」（北条氏）でないことと、暇乞《いとまご》いをしなかったことを理由に馬を与えなかった。足利氏は北条氏より格下に見られていたと考えられる。

ここまでの検討の結果をまとめると、鎌倉時代の足利氏の家格は、赤橋《あかはし》氏・金沢《かねさわ》氏などの幕府寄合《よりあい》衆を出す北条氏庶家に並ぶ高いものであったと考えられる。頼朝と近い一族であること、北条氏と婚姻を重ねたことがその一因にあるだろう。鎌倉時代の足利氏の位置づけは、御家人の中の名門、が妥当であると考える。

源実朝没後の鎌倉時代において、足利氏が「源氏の嫡流」であった、とする同時代の史料が確認できないことはすでに述べた。なぜ、先行研究において足利氏が「源氏の嫡流」であるとされてきたのだろうか。後に足利尊氏が頼朝の事績を追い宗教活動を行うなどして自らを源頼朝になぞらえたり、前述の『難太平記』の源義家・足利家時の置文の話のように、尊氏ら足利氏本家が「源氏の嫡流」（源義家の嫡流）であるとする「源氏嫡流工作」を行い、武家政権の首長となることを正当化したことなどから、先行研究では遡って実朝没後の鎌倉時代にも足利氏が「源氏の嫡流」であったように認識されていたのではないだろうか。

三　鎌倉時代の足利氏と源氏将軍観

1　源氏将軍観の事例

田中大喜氏は、鎌倉時代後期に起きた「源氏将軍観」の高揚によって源氏が将軍に担がれることを阻止するために、北条氏が足利氏をあえて「源氏の嫡流」と認定し、足利氏を親王将軍の近臣として抱え込んだとする。前節でも述べたとおり、そもそも鎌倉時代の足利氏は「源氏の嫡流」ではないというのが筆者の考えである。

本節では、「源氏が将軍であるべき」という観念、源氏将軍観について検討したい。

鎌倉時代の政変の際、源氏が将軍になろうとする（将軍候補として担がれる）例は多い。これを源氏将軍観の事例としてあげることができるだろうか。以下、源氏以外を含め関連する事例を【表】にまとめた。

個々の事例の詳細な内容についてはここでは立ち入らないが、これら1〜12の事例で謀反《むほん》を起こした者や担がれた者は、7、9、11を除くと、頼朝につながる者、で説明が可能である（10については後述する）。

除いた例を見ると、まず7は、対朝廷との関係が指摘されている。

9の伊賀《いが》氏の変では、伊賀方・伊賀光宗《みつむね》らが一条実雅《いちじょうさねまさ》を将軍に担ごうとしているが、一条氏は藤原氏で源氏ではない。実雅の父一条能保《よしやす》には源頼朝の妹が嫁いでいるが、実雅の母は頼朝の妹ではない。

【表】鎌倉時代に源氏が将軍になろうとした事例（源氏以外や関連する事例も含む）

番号	区分	発生年月	内容	備考
1	B	正治元年（一一九九）十二月	梶原景時が追放され、翌年正月討たれる。景時は武田有義を将軍に擁立しようとしたという。	有義擁立は「頼朝の恩義を忘れていないために頼朝の一門を担いだ」ためという（『保暦間記』）
2	A	建仁三年（一二〇三）五月	源頼朝の弟阿野全成、謀反の疑いで捕らえられ、六月誅殺される。翌七月、全成の子頼全が京都で殺される。	
3	B	元久二年（一二〇五）閏七月	牧氏の変。北条時政・後妻牧方が、将軍に平賀朝雅擁立を企てるが失敗。同月、京都で平賀朝雅が討たれる。	朝雅は源頼朝の猶子（『愚管抄』）、頼朝の烏帽子子（『吉見系図』）
4	A	建保元年（一二一三）二月	泉親衡、源頼家の子千手（栄実）を将軍にしようと謀る。与党として和田義直・胤長ら捕らえられる。	
5	A	建保二年（一二一四）十一月	和田義盛の与党、栄実を奉じて京都で挙兵。栄実は自害する。	
6	A	承久元年（一二一九）二月	阿野全成の子時元、駿河で蜂起するが討たれる。	
7	B	承久元年（一二一九）七月	大内守護源頼茂（源頼政の孫）が後鳥羽上皇の命により討たれる。	
8	A	承久二年（一二二〇）四月	源頼家の子禅暁、京都で討たれる。	
9	C	元仁元年（一二二四）六月	伊賀氏の変。北条義時後妻の伊賀方・その兄伊賀光宗ら、将軍に娘婿の一条実雅を擁立しようとする。	
10	C	弘安八年（一二八五）十一月	霜月騒動。安達泰盛以下滅亡。泰盛の子宗景が、曽祖父景盛が源頼朝の御落胤であるとして源氏に改姓したのを、将軍になろうとしていると讒言されたためという。	
11	C	永仁元年（一二九三）四月	平禅門の乱。平頼綱、北条貞時の命で滅ぼされる。頼綱は子息資宗を将軍にしようとしたといわれている。	
12	A	永仁四年（一二九六）十一月	源頼朝の弟範頼の子孫、吉見義世が謀反を企てたとして処刑される。	

※区分は、A：頼朝の近親（頼朝の子・弟）とその子孫、B：A以外の源氏一門、C：源氏以外に分けた。

伊賀氏側に、他に担ぎうる頼朝につながる者がいなかった、ということではないだろうか。また、この時、摂関家藤原氏の九条家出身である三寅が四代将軍候補であった。同じ藤原氏で公卿《くぎょう》である実雅にも将軍となる資格はあるというのが、伊賀氏側の主張であったのではないか。

11については、平頼綱《たいらのよりつな》は、皇族から源氏賜姓を受けて長く源氏となっていた七代将軍源惟康《これやす》を親王にするという、極めて異例の行為を行っている。その頼綱であればこそ、前例にとらわれることなく、頼朝とつながりのない自身の子息を将軍に担ごうとしたのであろう。

以上の検討により、将軍として担がれる人物は、源氏という大枠より、頼朝個人につながる人物であることが優先されていると推定できる。

他にも、鎌倉幕府四代将軍九条頼経が、征夷大将軍任官時に源氏へ改姓するかどうか、という議論があったことも、源氏将軍観の事例としてあげられている。しかし頼経の源氏改姓は、幕府側ではなく朝廷側の意向であったと考えられる。

文永年間ごろに書かれた史料には、事実と反して頼経が源氏に改姓したとするものがある（『関東御式目』〈池内義資編『中世法制史料集』別巻、岩波書店、一九七八年〉、文永五年〈一二六八〉正月日付「近江鯰江荘由来記」、大和春日神社文書、『鎌倉遺文』九八四九号）。これも源氏将軍観の事例とされているが、頼経が二代将軍源頼家の娘の竹御所《たけのごしょ》と結婚していることから、頼経が源家に婿に入って将軍家を継いだ、と認識されたのではないだろうか。

2　源氏将軍観の高揚の再検討

田中氏が、足利氏が「源氏の嫡流」に認定された思想的背景とする、鎌倉時代後期の源氏将軍観の高揚については、川合康氏が詳しく検討している。川合氏があげた事例を再検討したい。

①　安達泰盛《やすもり》は、源氏相伝の太刀「髭切《ひげきり》」を探して手元に置いていた。また安達泰盛の子宗景《むねかげ》が源氏に改姓し将軍となろうとしていると、平頼綱が得宗北条貞時に讒言《ざんげん》した（【表】の10にあたる）。

②　七代将軍惟康王が賜姓され、源惟康となった結果、社会的に源氏将軍観が高揚した。

③　鎌倉時代後期に流行した早歌《そうが》の「同山并《おなじくやまのならび》」（『玉林苑《ぎょくりんえん》』下）に「源家将軍の白旗を、あらたにたてまつりて、三所《さんじょ》の御殿に納めらる、末代までのしるしも、げに有難き山なれば、山万歳《ばんせい》と喚《よば》ひて、君をぞ祈《いのり》たてまつる」と歌われていることから、蒙古襲来の対外的緊張が高まるなか、武士社会にかつての源氏将軍を回顧し、将軍権力の確立をもとめる風潮が広まっていた。

①については、髭切は源氏重代の太刀であるが、『平治物語《へいじものがたり》』にもエピソードがあるように、源頼朝ゆかりの太刀であった。また安達宗景の曽祖父景盛《かげもり》は「頼朝の御落胤」と言われている。宗景の動向については、「源氏」というより「頼朝」に力点が置かれていると考えられる。

②の惟康の例を見ると、惟康は位階や官職歴などを源頼朝の例になぞらえられている。源氏でさえあれば将軍になれるのであれば、惟康が頼朝と同じく正二位・右近衛大将《うこのえのたいしょう》になる必要はない。惟康の源氏賜姓自体は、惟康を頼朝になぞらえるためになされたと考えられる。

①も②も、源氏であることより、頼朝の後継者であることを重視していると解釈すべきである。鎌倉時代後期にあったのは、源氏将軍観の高揚ではなく、頼朝の後継者、頼朝につながるものが将軍にふさわしいという、頼朝の権威上昇であったと考える。

③については、早歌の作詞・作曲者は、公家では公卿や関東祗候廷臣《しこうていしん》（鎌倉にあって将軍に仕える公家）、武士では北条氏や二階堂《にかいどう》氏など鎌倉に居住する上層の武士であり、早歌の受容層は、上層部の公家・武士と考えられる。鎌倉時代後期に、早歌が武士全体にまで広まっていたかは疑問である。また早歌「同山并」の題材となった肥前《ひぜん》・筑前《ちくぜん》にまたがる脊振山《せふりさん》には、建久年間に奥州合戦の祈祷のため源頼朝が寄進した白旗があったという（年欠九月十日付「東門寺衆徒申状」、修学院文書、『佐賀県史料集成　第五巻』一五号。ただし、建久年間にはすでに奥州合戦は終わっている）。つまり、「源家将軍の白旗を、あらたにたてまつりて、三所の御殿に納めらる」とは、頼朝が白旗を寄進したという事実を述べたにすぎない。

先に、足利氏が御家人の中でも極めて高い家格を保持していたのは、頼朝と近い一族であることがその一因であると述べた。鎌倉時代後期に頼朝の権威上昇があったとすれば、足利氏にも該当するのではないかという指摘もあるだろう。だが、次のような事例がある。

宝治二年（一二四八）閏十二月、足利義氏と結城朝光が互いに薄礼な書状を送り、争いとなった（『鏡』同月二十八日条）。義氏の主張は、自分は頼朝の一門であるから、頼朝に仕えた朝光に薄礼の書状を送ったということであった。これに対し、朝光が主張の根拠とした頼朝の「宗たるの家子・侍を注す交名」の提出により、義氏と朝光は同等の礼で良いとされ、結局この争いは不問とされた。この頃、足利氏が頼朝の一族として優遇されていたなら、このような争い自体が起こらなかったのではないか。

室町幕府樹立以前、征夷大将軍に任官する前の足利尊氏を「将軍家」と呼ぶ史料がある（建武二年〈一三三五〉十一月二十八日付「山内首藤通継譲状」、長門山内首藤家文書、『南北朝遺文　関東編』三四七号など）。尊氏が、鎌倉幕府の将軍を想起させる「将軍家」と呼ばれたのは、周囲が尊氏を武家政権の首長として認識したためと考えられる。尊氏の「将軍家」呼称は建武二年十一月頃から見え、尊氏が同年八月に、鎌倉幕府最後の得宗北条高時《たかとき》の子時行《ときゆき》が起こした中先代《なかせんだい》の乱を鎮圧して、源頼朝以来武家政権が置かれていた鎌倉を占領したことがその契機であると考える。

足利尊氏は、実力で武家政権の首長たるべき素地を築いた。しかし、頼朝の後継者であるという演出なくしては、足利氏が、武家社会に存在していた頼朝の権威の恩恵を受けることは難しかったと考えられる。だからこそ、尊氏は武家政権の首長となるために、自らを源頼朝になぞらえ、頼朝の権威上昇を利用したのであろう。

おわりに

本章で述べたことは、以下のとおりである。

㈠　新田義重や秀郷流藤原氏の事例にみるように、「嫡流」というのは自己主張にすぎなかった。源頼朝は、前九年の役で勝利した源頼義の嫡流であるとして、自身を清和源氏の正統、「源氏の嫡流」

であると強く主張し続けた。

(二)　頼朝が「源氏の嫡流」であると主張し続けた結果、自らを「源氏の嫡流」として他の源氏一門や御家人に認めさせ、武家政権の首長、鎌倉殿となるための正当性を築いた。

(三)　頼朝の子息三代将軍源実朝も、自らが「源氏正統」であり、自身の死により「源氏正統」が絶えることを自覚していた。

(四)　足利氏が「源氏の嫡流」であったとする史料は、『今川家譜』のように戦国時代に作られた史料であり、鎌倉時代の史料は確認できない。

(五)　鎌倉時代の足利氏の家格が他の御家人より高く、北条氏庶家の赤橋氏や金沢氏と同等の家格を保持していたことは認められるものの、足利氏は「源氏の嫡流」ではない。

(六)　鎌倉時代後期には源氏将軍観の高揚ではなく、源頼朝の権威上昇があったと考えられる。

実朝没後の鎌倉時代に足利氏が「源氏の嫡流」であったという史料が確認できない、ということは、鎌倉時代の足利氏が「源氏の嫡流」であったが史料が残っていないということと、足利氏は「源氏の嫡流」ではないのではじめから史料がない、という二つの可能性がある。筆者は、後者であると考える。

実朝の死により「源氏正統」は絶えた、というのが鎌倉期武家社会の認識であったと推定される。「源氏の嫡流」は、実朝の死によって消滅し、室町幕府を樹立した足利尊氏が復活させるまでの間は、存在していなかったのである。

〔参考文献〕

青山幹哉「鎌倉将軍の三つの姓」(『年報中世史研究』一三号、一九八八年)
生駒哲郎「足利尊氏発願一切経考―尊氏の仏教活動と一切経の書写―」(『東京大学史料編纂所研究紀要』一八号、二〇〇八年)
川合康「奥州合戦ノート―鎌倉幕府成立史上における頼義故実の意義―」(同『鎌倉幕府成立史の研究』、校倉書房、二〇〇四年、初出一九八九年)
川合康「武家の天皇観」(同『鎌倉幕府成立史の研究』、校倉書房、二〇〇四年、初出一九九五年)
櫻井彦「誕生から鎌倉幕府滅亡まで」(櫻井彦・樋口州男・錦昭江編『足利尊氏のすべて』、新人物往来社、二〇〇八年)
鈴木由美「「源氏の嫡流」と鎌倉期足利氏」(『ぶい&ぶい』二九号、二〇一六年)
鈴木由美「書籍紹介　田中大喜編著『下野足利氏』」(『ぶい&ぶい』二五号、二〇一四年)
高柳光壽『足利尊氏』(春秋社、一九八七年、改稿版一九六六年、初版一九五五年)
田中大喜「鎌倉期足利氏再論―鈴木由美氏の批判に寄せて―」(『ぶい&ぶい』二八号、二〇一五年)
田中大喜「総論　中世前期下野足利氏論」(同編著『下野足利氏』、戎光祥出版、二〇一三年)
外村久江『早歌の研究』(至文堂、一九六五年)
細川重男『鎌倉政権得宗専制論』(吉川弘文館、二〇〇〇年)
細川重男「右京兆員外大尹―北条得宗家の成立―」(同『鎌倉北条氏の神話と歴史―権威と権力―』、日本史史料研究会、二〇〇七年、初出二〇〇一年)
細川重男「右近衛大将源惟康―得宗専制政治の論理―」(同『鎌倉北条氏の神話と歴史―権威と権力―』、日本史史料研究会、二〇〇七年、初出二〇〇二年)
前田治幸「鎌倉幕府家格秩序における足利氏」(田中大喜編著『下野足利氏』、戎光祥出版、二〇一三年、初出二〇一〇年)

【清和源氏略系図】

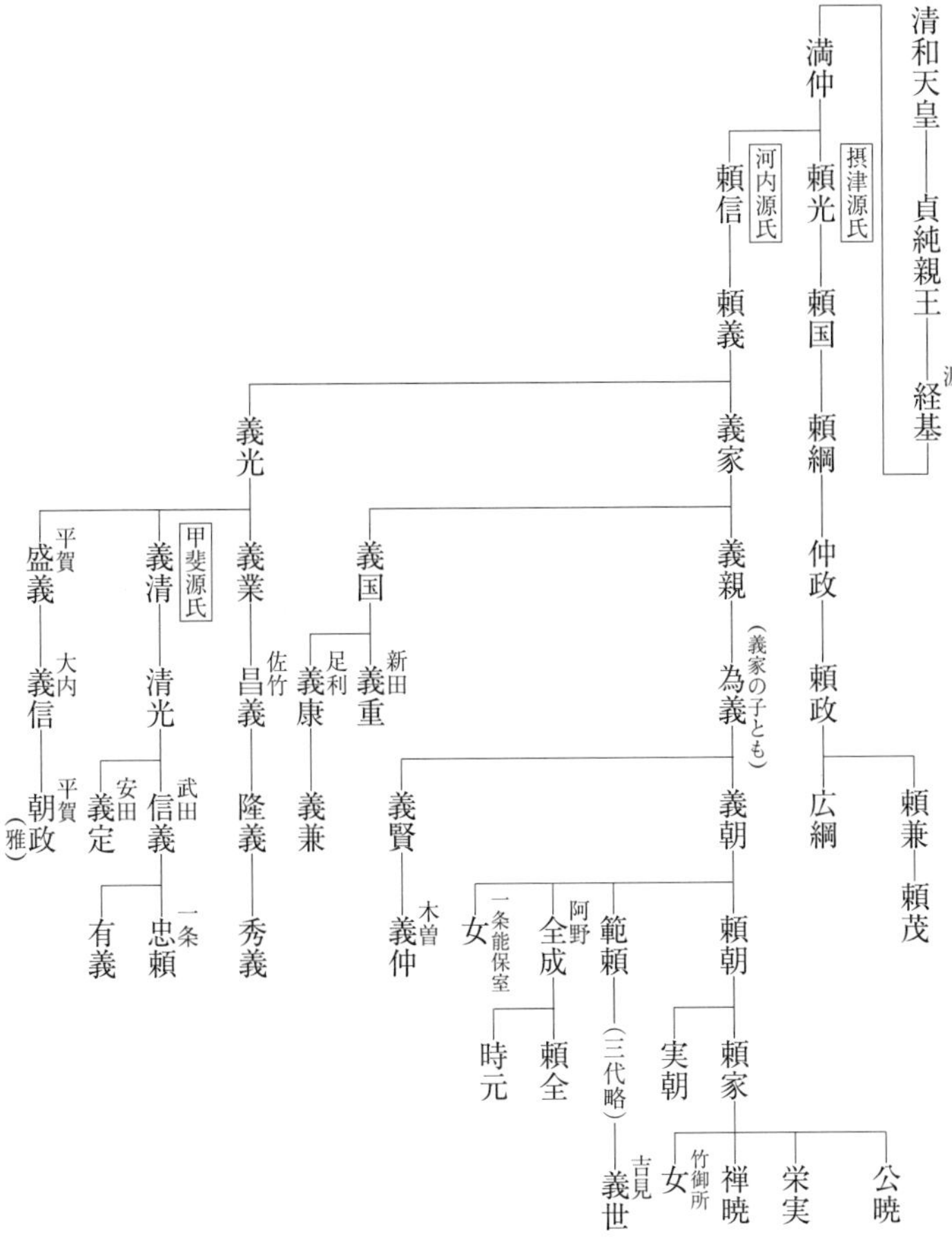
清和天皇
貞純親王
源 経基
満仲
摂津源氏
頼光
頼国
頼綱
仲政
頼政
広綱
頼兼
頼茂
河内源氏
頼信
頼義
義家
義親
為義
（義家の子とも）
義朝
頼朝
頼家
実朝
公暁
栄実
禅暁
竹御所 女
範頼
（三代略）
吉見 義世
阿野 全成
頼全
時元
一条能保室 女
義賢
木曽 義仲
義国
新田 義重
足利 義康
義兼
義光
義業
佐竹 昌義
隆義
秀義
甲斐源氏
義清
清光
武田 信義
一条 忠頼
有義
安田 義定
平賀 盛義
大内 義信
平賀 朝政
（雅）

【足利氏・北条氏婚姻関係図】

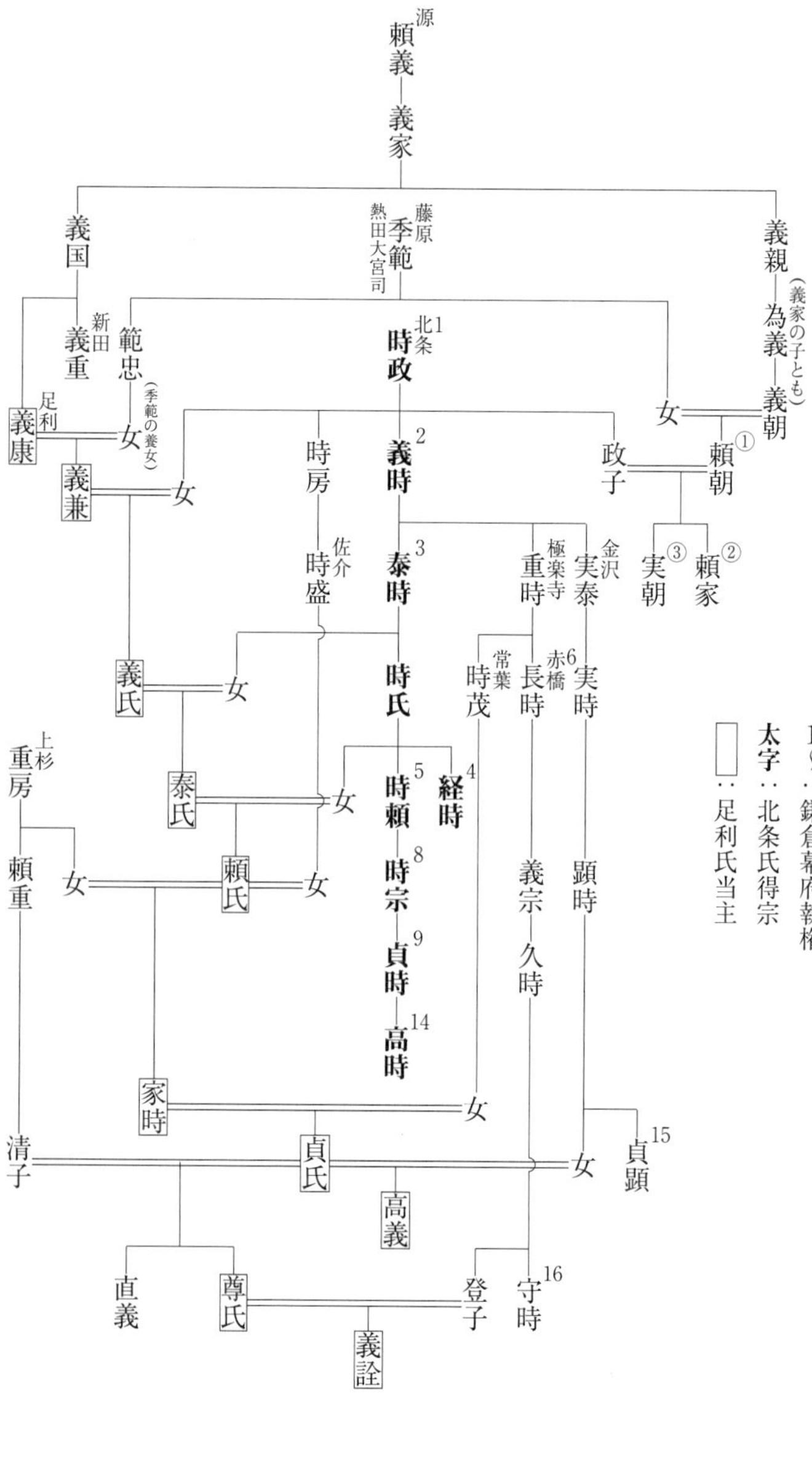

源頼家・実朝兄弟と武蔵国

菊池紳一

はじめに

鎌倉幕府が所在した相模《さがみ》国は幕府の膝下であるが、武蔵《むさし》国も源平合戦に活躍した武蔵武士が本拠とした地域であり、幕府を支える重要な国のひとつであった。幕府がこの国をどのように支配したのか、その支配がどのように変化して北条《ほうじょう》氏が勢力を扶植《ふしょく》させていったのか、重要な課題であろう。源《みなもとのよりいえ》頼家・実朝《さねとも》兄弟は、父頼朝《よりとも》の構築した武蔵国支配を引き継ぐことができず、比企《ひき》氏、畠山《はたけやま》氏、横山氏等、幕府を支えた有力な武蔵武士が没落した。この時期は、幕府（北条氏）による武蔵国支配の画期であった。

そこで本章では、最初に源頼朝が武蔵国をどのような方法で支配し、家督《かとく》頼家に残そうとしたのか、ついで頼家の時期の武蔵国支配の変容、そして実朝の時期における北条氏による武蔵国支配の深化を幕府政治の中に位置づけ、最後に承久《じょうきゅう》の乱後における北条氏の武蔵国支配への展望を述べたい。

なお、本章の典拠の多くが『吾妻鏡《あずまかがみ》』であり、特に必要のない限り『吾妻鏡』については典拠史料を示さなかったのでご了解願いたい。

源頼朝は、主として東国武士と主従関係を結び、その支持によって鎌倉幕府が樹立された。しかし、一方に律令制以来の国司制度に則った支配があり、源頼朝もこれを背景にして支配する必要があった。そこで武蔵国の支配を、

Ⅰ．国務沙汰《さた》権を掌握する知行国主（武蔵守）による国衙《こくが》機構を通した統治的支配

Ⅱ．武家の棟梁《とうりよう》（河内《かわち》源氏）による主従的支配

という二つの視点と、これに源頼朝が頼家・実朝両者に残した人脈（乳母《めのと》と婚姻関係）を加味して説明したい。これらの視点は単独に存在するわけではなく、互いに密接な関わりがあり、武蔵国の支配を検討するための重要な要素であると考える。

ここでエピソードを一つ紹介しよう。実朝の時代のことである。建暦二年（一二一二）二月十四日、武蔵守北条時房《ときふさ》は国務の興業のため国内郷々の郷司《ごうじ》職を補任《ぶにん》した。これに対し北条泰時《やすとき》が疑問を差し挟んでいる。このままでは何のことかよくわからないが、右記Ⅰ（統治的支配）とⅡ（主従的支配）に分けて考えると理解しやすいようである。すなわち国衙領である諸郷の郷司職の補任は国司の職掌であり、平賀義信の例に則って行った武蔵守時房の行為は頷ける（Ⅰ）。では何故泰時が疑問を投げかけたのであろうか。泰時は、侍所別当《さむらいどころべっとう》北条義時《よしとき》の子で、その立場からの発言であったと考えることができる（Ⅱ）。すなわち、この郷司職補任が鎌倉殿《かまくらどの》の本領安堵《あんど》の行為に対する越権行為であるとの認識があった

のではなかろうか。

一　源頼朝の武蔵国入国

平治《へいじ》の乱後、武蔵国は平清盛《たいらのきよもり》の知行国《ちぎょうこく》となり、源頼朝挙兵当時はその子知盛《とももり》の知行国となっていた。頼朝が房総半島を北上して、治承四年（一一八〇）十月武蔵国に入ると、頼朝は以前より恭順の意を示していた足立《あだち》・豊島《としま》氏等や、ついで平姓秩父《ちちぶ》氏（河越・江戸・畠山氏等）等、多くの武蔵武士の帰順を背景に、入国とともにその国務を奪取している。この時頼朝が行った武蔵国に対する施策を見ると、

①江戸重長《えどしげなが》に、武蔵国諸雑事の沙汰を任せる（『吾妻鏡』同年十月五日条）

②土肥実平《どいさねひら》に、武蔵国内寺社の狼藉《ろうぜき》を停止《ちょうじ》させる（『吾妻鏡』同年十一月十四日条）

③「武蔵国住人」の本知行地主職を安堵する（『吾妻鏡』同年十二月十四日条）

を約一ヵ月ごとに行っている。①・②が前記Ⅰ（統治的支配）に、③が前記Ⅱ（主従的支配）に該当する。頼朝は、武蔵国を支配するにあたって、江戸重長に「在庁官人并びに諸郡司等」を指揮して、諸雑事（国衙の事務的な仕事）を沙汰するよう命じた。その一ヵ月後、相模武士の土肥実平に軍事・警察権を与え、武蔵国内寺社の狼藉停止を命じた。

その約一ヵ月後、源頼朝は、武蔵国住人（開発領主）の本知行の地主職を安堵する。奉行人は北条時政と土肥実平、安堵状は藤原邦通《ふじわらのくにみち》が担当したという。頼朝は、江戸重長・土肥実平を通して把握した

と解釈できよう。

「武蔵国住人」（武蔵国内の中小武士）に対し名字《みようじ》の地《ち》（開発地）の地主職を安堵し、家人の列に加えた

一方これ以前に、頼朝は、江戸・河越《かわごえ》・畠山等の平姓秩父氏や足立・豊島・比企等の豪族的武士等に対して本領安堵を行っており、従来の河内源氏の家人には別途安堵し主従関係を確認していた。

この後、寿永二年（一一八三）十月には後鳥羽《ごとば》天皇の宣旨《せんじ》によって、源頼朝は東国行政権を与えられるが、武蔵国の支配に関しては大きな変化は見られない。これまでの源頼朝の武蔵国支配は京都朝廷によって追認されたと考えられる。

二　頼家・実朝の人脈

源頼朝は、二人の子頼家・実朝に何を期待し、その背景にどのような人物を配したのか。それが武蔵国支配にどのように影響したのか。各々の人脈について簡単に説明しておきたい。

1　源頼家と比企一族

頼朝は、家督である頼家の周囲に、在京中自分の乳母であった比企尼《ひきのあま》の係累を配置している。この比企氏は武蔵国比企郡を名字の地とする郡司系の武士で、比企尼は、平治の乱の敗戦後頼朝が伊豆《いず》国に配《はい》流《る》されると、夫比企掃部允《かもんのじょう》（遠宗《とおむね》）とともに武蔵国比企郡に下向《げこう》し、そこから頼朝の生活費等を配流地

伊豆国に送り続けた女性である。

源頼家は、寿永元年（一一八二）八月十二日、頼朝・政子夫妻の長男として生まれた。産所は比企谷殿（比企氏の館に設けられた産所）である。乳付には比企尼の娘（河越重頼《しげより》妻）が呼ばれた。幼名は万寿と名付けられた。二ヵ月後の十月十七日、政子母子が産所から御所に戻る際には比企能員《よしかず》（比企尼の甥）が御乳母夫《めのとふ》として付き従っている。

【系図1】（比企氏を中心とする婚姻家系図）を見ると、比企尼の婿には、頼朝の側近である藤九郎盛長《とうくろうもりなが》、武蔵武士の河越重頼、後に頼朝の知行国である武蔵守に推挙された信濃《しなの》源氏平賀義信《ひらがよしのぶ》などがいる。さらに河越重頼の娘は源義経《よしつね》に嫁ぎ、藤九郎盛長の娘は源範頼《のりより》に嫁いでおり、頼朝は異母弟達にも頼家の将来を託したことがわかる。河越氏は武蔵武士である平姓秩父氏の出であり、源範頼は武蔵武士吉見《よしみ》氏の祖とも言われ、武蔵国比企郡や足立郡には範頼の伝承地が残されている。

その後文治四年（一一八八）十月の頼家の着甲始《ちやつこうはじめ》には、関東の主立った御家人《ごけにん》が参列している。この時、頼朝の信任の篤かった源家一門の平賀義信（比企尼の女婿）が乳母夫として、比企能員は乳母兄として見える。

平賀義信は、平治の乱に源義朝に従って活躍し、義朝とともに京都を落ちた最後の七騎の一人であった。その縁で頼朝の信頼も篤く、源家一門の筆頭に位置していた。翌元暦元年には武蔵守に補任され、武蔵国務の一端（国衙の雑務）を任された。また子の惟義《これよし》は相模守、朝雅《ともまさ》は義信についで武蔵守に補任されるなど、この平賀一族の動向は、頼家の将来を左右する可能性があった。

【系図1】比企氏を中心とする婚姻関係系図

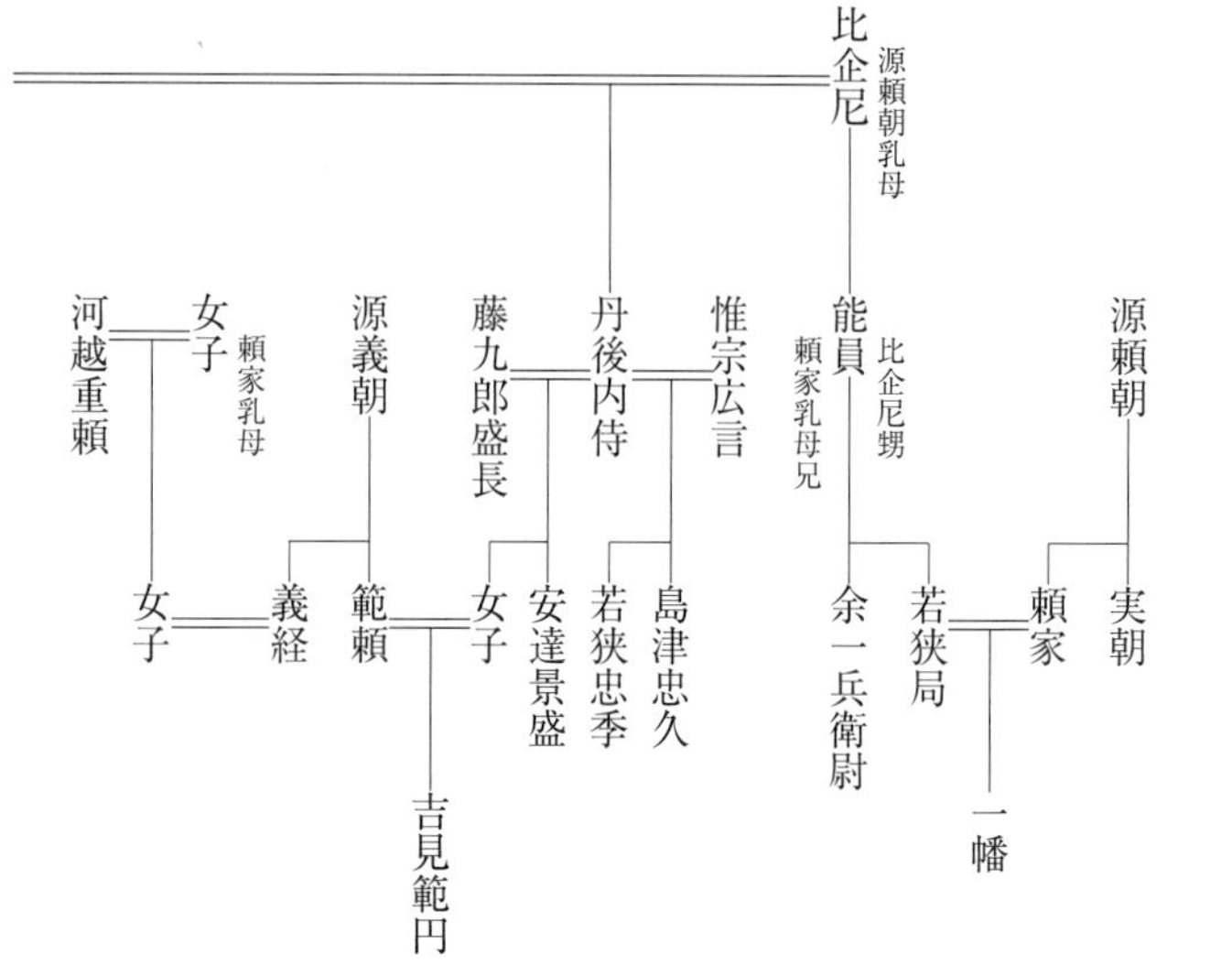

建久元年（一一九〇）四月、頼朝は、頼家の弓の師として下河辺《しもこうべ》行平《ゆきひら》を指名する。頼家に英才教育を施し、武家の棟梁としての弓馬の芸を学ぶ道筋をつけたのである。「若君漸く御成人の間、弓馬の芸に慣らしめ給ふの外、他事有るべからず」（『吾妻鏡』建久元年四月七日条）と記している。

頼朝の構想は、将来頼家が外戚比企氏やその姻族である兄弟達に守られ、武蔵国及びその武士団を基盤として自分の跡を嗣ぐことだったと思われる。しかし、源義経の謀反により、その縁座として河越重頼父子が処刑されることになり、頼朝の構想にほころびが生じはじめる。頼家の晩年には、外戚比企氏が滅亡し、実朝の初期に畠山重忠《しげただ》の乱が、さらに和田《わだ》義盛《よしもり》の乱では横山氏が没洛するなど、頼朝の構想は破綻していった。

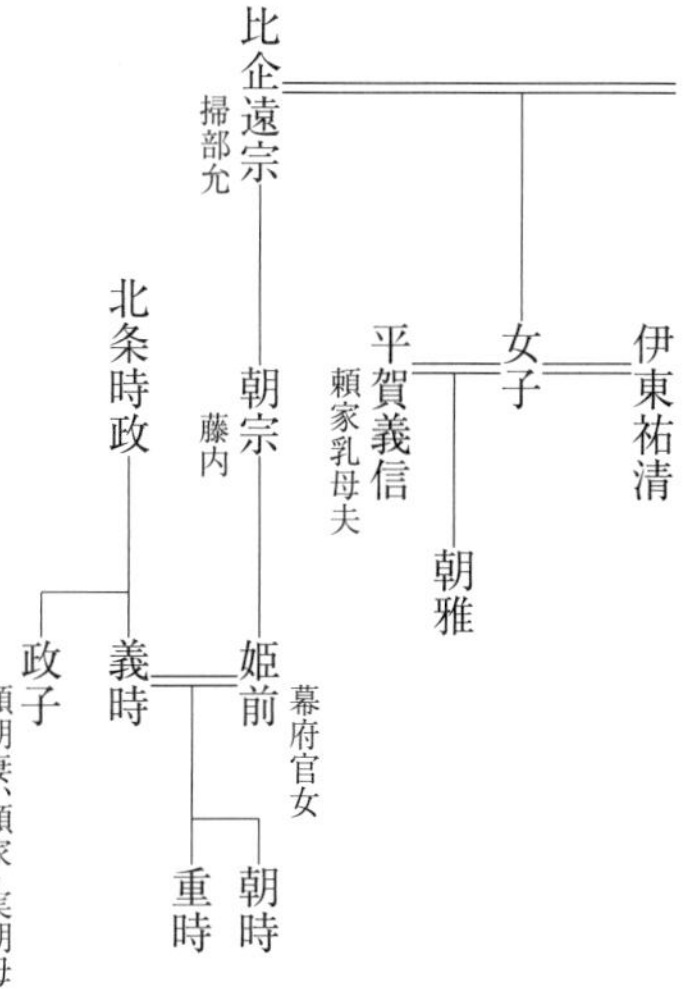

※右の系図は、『吾妻鏡』建久四年六月一日等条、「吉見系図」『尊卑分脈』や参考文献等から作成した。

2　源実朝と北条一族

源実朝は、父頼朝が征夷大将軍《せいいたいしょうぐん》に任じられた後の政所始《まんどころはじめ》の四日後、建久三年（一一九二）八月九日に浜御所（鎌倉名越《なごえ》館）で生まれた。母は北条政子である。頼家の十歳年下の弟ということになる。乳付は父の弟阿野全成《あのぜんじょう》の妻で、母の妹阿波局《あわのつぼね》であった。幼名は千幡《せんまん》（千万）と名付けられた。次の日以降、二夜〜七夜の儀が行われ、その沙汰人としては、源家一族の平賀義信・加々美遠光、政所別当中原広元、頼朝の側近藤九郎盛長の他、三浦・千葉・小山・下河辺等関東諸国の有力御家人が名を連ねている。

その後、母子は十月十九日に産所から御所に移った。十一月五日には御行始《おなりはじめ》が行われ、千幡は藤九郎盛長の甘縄《あまなわ》邸に入った。同二十九日には五十日《いか》百日《ももか》の儀が行われ、外祖父北条時政《ときまさ》が沙汰し、叔父義時が補佐している。ここに参列した御家人も二夜〜七夜の儀とほぼ同じ傾向が見られる。

十二月五日、頼朝は浜御所において、武蔵守平賀義信以下の有力御家人を集めて、実朝の披露を行った。この場で頼朝は、「この嬰児鍾愛殊に甚し、各々一意して将来を守護せしむべき」と述べている。

実朝は二男ではあるが、実朝の誕生に関わる儀式に参列する御家人の中には、比企尼の女婿たち（平賀義信、藤九郎盛長等）の姿も見られ、頼家に次ぐ源家の正嫡として、将来を嘱望されていたとみられる。

左記の【系図2】をみると、北条時政は、源頼朝の弟阿野全成や平賀朝雅・足利義兼《あしかがよしかね》などの源氏一族と婚姻関係を結んでいる。それも朝雅は武蔵守平賀義信の子で、朝雅自身も父の次に武蔵守となり、その後足利義兼の子義氏が武蔵守となっている。武蔵武士では、有力御家人の畠山重忠・稲毛重成《いなげしげなり》などの畠山一族にも娘を配し、また子時房《ときふさ》は足立遠元《とおもと》の女を妻として、足立郡にも拠点を作っている。時政は比企一族に対抗するように武蔵国に関わる人脈に意を用いていたことがわかろう。

また一方、時政は、後妻牧方《まきのかた》が京都の公家の出身であることもあって、公家との婚姻関係も多く、その人脈の広さを示している。とりわけ、実朝の御台所《みだいどころ》となる坊門信清《ぼうもんのぶきよ》の女の兄弟（忠清《ただきよ》）に女を嫁がせているのは興味深い。

源頼朝の時代、時政は鎌倉殿の岳父ではあるが、無位無官で、幕府の組織に組み込まれなかった。それを克服しようと、人脈を形成しようとしていたことがうかがえる。実朝は、北条一族やその姻族に囲まれて成長していくことになる。その結果、実朝の性格、性行や傍証から推定すると、実朝は武家の棟梁と言うよりは、公家の子息として育てられたように思われる。

頼家・実朝兄弟を比較すると、兄頼家が比企谷殿（比企氏館）で生まれ、比企尼の縁者に囲まれて育ったのに対し、弟実朝は名越浜御所（北条氏館）で生まれ、母方の北条氏の一族に囲まれて育てられていた。母政子との関係は弟実朝がより近く感じられよう。

【系図2】北条氏を中心とする婚姻関係系図

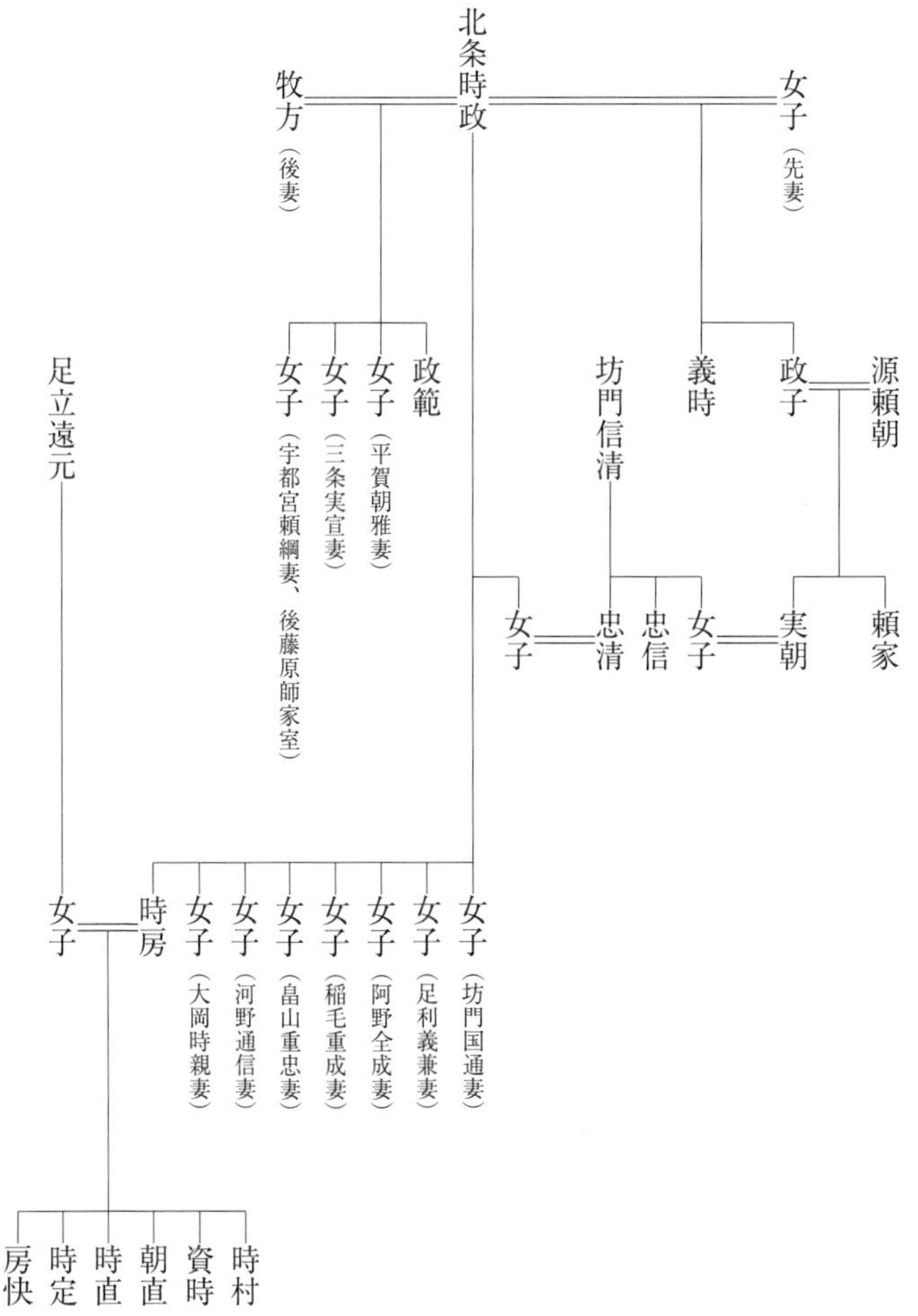

※上の系図は、「北条氏系図考証」（『吾妻鏡人名総覧』所収）を参照した。
なお、「足立系図」の注記は、「修理権大夫平時房朝臣（妻脱）、遠江守時直等母也、」と補い、「桓武平氏諸流系図」（中条文書）記載の時房の子時村・資時・朝直・時直・時定・房快はの母を「母足立左衛門遠光（元ヵ）女」と訂正した。

父頼朝が没した時、実朝はまだ八歳の子供であり、『吾妻鏡』から当時の動向を知ることはできないが、頼朝がこの兄弟に何を期待したのかといえば、兄頼家は武家の棟梁として鎌倉殿を継承すること、弟実朝は将来上洛《じょうらく》して公家として生きる道を期待していたのではなかろうか。

三　関東御分国の統治

元暦元年（一一八四）六月、頼朝の推挙によって武蔵・駿河《するが》両国の国司が任じられ、翌年の文治元年（一一八五）八月には伊豆・相模・上総《かずさ》・信濃・越後《えちご》の五ヵ国の国司が任じられた。この七ヵ国は、後《ご》白河院《しらかわいん》から恩賞として与えられた頼朝の知行国（関東御分国《かんとうごぶんこく》）であった。翌文治二年には相模・武蔵・駿河・伊豆・上総・下総《しもうさ》・信濃・越後・豊後《ぶんご》の九ヵ国が確認できる。その後関東御分国の数は減少し、建久元年（一一九〇）には四ヵ国（相模・武蔵・駿河・伊豆）であった。

以降、頼家・実朝の時期は相模・武蔵・駿河・遠江《とおとうみ》の四ヵ国、鎌倉時代を通じて武蔵・相模両国（将軍家の永代知行国）を含むほぼ四ヵ国が関東御分国であった。

1　知行国主の負担

知行国は、治天《ちてん》の君《きみ》（後白河院や後鳥羽院）が、公卿《くぎょう》等に国司の推挙と国の支配を委ねるもので、知行国を与えられた公卿等は、定例・臨時の所課・済物《さいもつ》等（乃貢《のうぐ》の京進や伊勢神宮役夫工米）の他に、治天の君に対する奉仕を求められた。頼朝の場合も例外ではなく、閑院《かんいん》内裏・六条殿《ろくじょうどの》（院御所）・大内裏《だいだいり》の修造や、新斎宮用途、院の熊野《くまの》参詣用途等を負担している。これらの沙汰を行うのが政所の奉行人《ぶぎょうにん》たちで、別当中原広元《なかはらのひろもと》や二階堂行政《にかいどうゆきまさ》・中原仲業《なかなり》・藤《ふじ》井《い》俊長《としなが》・中原光家《みついえ》・平盛時《もりとき》・比企能員などの活動が『吾妻鏡』から見て取れる。とりわけ別当中原広元・同親能《ちかよし》兄弟は在京して造営を沙汰している。このうち武蔵武士としては、比企能員が「武蔵国以下御分国」の奉行人として見え、能員は頼朝の時代から政所に所属して活動していた（『吾妻鏡』建久六年十月一日条）。後鳥羽院政下の頼家・実朝の時期もこうした負担は継承されたと思われる。

2　武蔵守の役割

次に源頼朝が推挙した武蔵守平賀義信の担った役割について考えてみよう。おそらく、江戸重長の武蔵国諸雑事の沙汰を継承したもので、国務沙汰の一部を分担していたと考えられる。頼朝が武蔵守平賀義信の国務を賞して感状を与えた際、のちの国司が義信の例を守るように政所公事奉行人平盛時の奉行で国府庁に壁書きが貼出されており（『吾妻鏡』建久六年七月十六日条）、その職務は国衙における文書注進などの事務的なものであった。

頼朝没後、武蔵守義信は見られなくなり、頼家の時期から義信の子の武蔵守朝雅が所見するが、その後朝雅は京都守護として上洛した。建永二年（一二〇七）三月二十日には、政所別当中原広元が武蔵守足利義氏《よしうじ》に荒野の開発について指示し、それを国内の地頭に触れている。実朝の時代には、武蔵守に任じられた北条時房《ときふさ》は、国務については源頼朝時代の武蔵守義信の例に任せ沙汰するよう指示されている（『吾妻鏡』承元元年二月二十日条）ので、おおよそ変化は見られない。

3　国衙諸職の補任

文治三年六月八日に武蔵国衙の染殿《そめどの》別当、建久六年七月二十八日の同じく糸所《いとどころ》別当の補任を知行国主源頼朝が行っており、知行国主の権限であった。その後、実朝の時代になると、建仁三年（一二〇三）十二月十三日には、故頼朝の沙汰通り染殿別当が補任されており、これも変化は見られない。

4　大田文の作成

源頼朝は、建久七年から武蔵国の国検（内検）を実施した。これは一国規模で田地の面積や領有関係を記載した大田文《おおたぶみ》を作成するための下準備である。ただし、頼朝の在世中には完成せず、頼朝没後の正治元年十一月三十日、ようやく整ったという。しかし、この国検は不十分だったようで、元久元年四月には駿河・武蔵・越後の関東御分国（将軍知行国）の内検が進められたが、三代将軍源実朝の代始めと撫民《ぶみん》のため中止された。奉行人は、政所中原広元・清原清定《きよはらのきよさだ》であり、内検のため武蔵国に下ったのも三善《みよし》宣衡・中原仲業・坂上明定等政所の職員であった。

その後、承元四年（一二一〇）三月に武蔵国大田文が整えられ、国務条々が定められている。翌建暦元年（一二一一）十二月には、明春に駿河・武蔵・越後の大田文を整えるよう、政所の二階堂行光・清原清定が命じられている。このように担当する奉行人等は、ほとんど政所の別当、職員（寄人）であって、そこに「国検の時事書等の国中文書の加判及び机催促加判等」（『吾妻鏡』貞永元年十二月二十三日条）を職掌とする留守所《るすどころ》惣検校職《そうけんぎょう》を見出すことはできない。

5　開発や治水

源頼朝の時期としては、『吾妻鏡』建久五年十一月二日条に見える武蔵国大田荘《おおたのしょう》堤の修固の事例がある。ただし、大田荘が関東御領の可能性もある。

次の源頼家の時期では、正治元年（一一九九）四月二十七日、政所別当中原広元が奉行として東国分地頭《じとう》等に対し、水利のよい荒野を新開するよう指示が出されている。次の源実朝の時期にも、承元元年三月二十日に政所別当中原広元の奉行として、武蔵国荒野の開発を地頭等に沙汰するよう武蔵守足利義氏に指示が出されて、建保元年（一二一三）十月十八日には、政所の清原清定の奉行として、宗孝尚が武蔵国の新開実検のため派遣されている。武蔵国の開発等は幕府政所が中心となって進められたことが確認できよう。

四　幕府政所と北条時政

源頼朝の時代、幕府政所は頼朝の指揮下にあった。別当中原広元を中心に運営されていたと考えられる。北条時政・義時父子は、源頼朝の外戚であったが、政所・侍所等の幕府の役職に就任することもなく、官位も推挙されず無位・無官であった。おそらく時政は、頼朝の得た東国行政権を背景に、在庁官人であった伊豆国や隣国駿河の国衙を支配しつつ、両国の御家人を統率していたと推定される。

正治元年（一一九九）正月十三日頼朝が亡くなると、家督頼家は同年二月六日に、朝廷から正月二十六日付の宣旨を賜った。その内容は「前征夷将軍源朝臣（頼朝）の遺跡《ゆいせき》を続ぎ、宜しく彼の家人郎従等をして、旧のごとく諸国守護を奉行せしむべし」というもので、頼家は日本国惣守護として二代目鎌倉殿に就任した。この時頼家は十八歳である。

しかし、母政子は、専横の気味がある頼家の親裁を停止し、宿老十三人による合議を選択する。この十三人には北条時政・義時父子が加えられた。同年十一月八日には、時政が多好方《おおのよしかた》の譲与安堵を奉行しており、政所の職員としての活動が見られるようになる。時政は幕府組織の一角を占めるようになる。翌正治二年正月元旦には垸飯《おうばん》を献じており、幕府内における時政の地位が固まってきたことを示している。そして同年四月一日、時政は従五位下遠江守に叙任され、これまでの無位無官から受領《ずりよう》として諸《しょ》大夫《だいふ》に列し、政所別当に就任する資格を得た。頼家の外戚比企能員と比較すると、圧倒的な地位向上である。また、元久元年（一二〇四）三月六日に家督義時が従五位下相模守に、翌同二年八月九日にはその弟時房が従五位下遠江守に叙任されており、諸大夫の身分が北条氏の子孫に継承されることが確定した。背景に頼朝の後家政子の主導と支援があったと考えられる。

実朝が征夷大将軍に就任すると、時政は実朝の外戚として政所の執権《しっけん》別当に就任し、実朝の後見として幕府政治の実権を握った。以降、将軍実朝の意を奉じて御家人に所領の安堵等をする時政単署の関東《かんとう》下知状《げちじょう》が発給されている。建仁三年閏七月の時政失脚後は、家督北条義時が実朝の後見となり、政所の執権別当として実朝政権を支えている。

関東御分国である武蔵国の支配は、鎌倉殿が掌握する幕府政所が中心となって進められており、武蔵守は国衙の雑事《ぞうじ》（事務の一部）を担当した。北条氏は、時政ついで義時と、実朝の時期に政所別当（執権別当）に就任し、政所を支配下に置くとともに、義時の弟時房が武蔵守になるなど、武蔵国の支配への影響力を強めていった。

五　鎌倉殿と武蔵武士

次に、「軍事指揮権」（主従的支配）という観点から見てみよう。最初に源頼朝の時代、武蔵武士の指揮権（統率権）は誰が把握していたのか、考えてみたい。

治承四年（一一八〇）十月、頼朝が武蔵に入国し、足立・豊島氏等以前からの河内源氏の家人にはその所領の安堵を行い、十二月に武蔵国内の開発領主《かいほつりょうしゅ》（中小武士）に地主職を安堵したことはすでに述べた。これらは武蔵武士に対する御恩《ごおん》である。それでは、それ以降の軍役等の奉公《ほうこう》について確認したい。

源平合戦の交名《きょうみょう》を見ると、頼朝の代官弟範頼軍に畠山重忠一族の他、庄《しょう》・塩谷《しおのや》・小代《しょうだい》（以上児玉《こだま》党《とう》）・安保《あぼ》（丹《たん》党）・河原・久下氏（以上私市《きさい》党）など、義経軍には大河戸（秀郷《ひでさと》流藤原氏）・平山（西《にし》党）・

熊谷（桓武平氏）・小河（西党）・猪俣氏《いのまた》（猪俣党）などが配置されている（『吾妻鏡』元暦元年二月五日条）。一ノ谷の戦いの際、武蔵武士は、頼朝の指示によって代官範頼・義経の軍勢に別けて付けられ、それぞれの軍勢の中で活躍している。その活躍の様子は『平家物語《へいけものがたり》』等合戦記に見られる。

文治五年（一一八九）の奥州合戦の際には、出陣した武蔵武士が守護《しゅご》等に率いられる様子は見られない。北陸道将軍の一人が比企能員、大手軍の先陣に畠山重忠とその被官が配置され、他の武蔵武士は上野国の武士とともに加藤景廉《かとうかげかど》・葛西清重《かさいきよしげ》に付属させられている。すなわちこの時も頼朝の指揮に従って戦っている。頼朝は、この時以降畠山重忠を先陣として採用することが多くなる。建久元年（一一九〇）の上洛、同六年の上洛、ついで東大寺《とうだいじ》供養参列など、さまざまな場所で重忠は先陣役を勤めている。これらのことから、武蔵武士は、鎌倉殿である源頼朝直接の指揮下にあったと考えられ、武蔵国には管国の武士を指揮する守護が置かれてはいなかったことが確認できる。

源頼家の時期も、頼朝の時期と同じように武蔵武士は鎌倉殿の支配下にあった。正治元年四月二十日、頼家は侍所別当梶原景時《かじわらかげとき》と政所に対し、中原仲業の奉行として、頼家の従者の鎌倉中の行動について「鎌倉中において、縦へ狼藉をいたすといへども、甲乙人敢へて敵対せしむべからず、若し違犯の聞へ有るの輩においては、罪科として慥かに交名を尋ね注進すべきの旨、村里に触れ廻すべきの由、かつがつ彼の五人の外、別の仰せにあらずんば、諸人たやすく御前に参り昇るべからざるの由」と命じているのはこの現れであろう。しかし、梶原景時失脚後は、頼家と侍所別当に還任した和田義盛との間は疎遠になっていったようで、頼家が最後に出した北条時政追討命令は無視されている。

源実朝の時期になると、実朝と武蔵武士との関係に変化が起きてくる。『吾妻鏡』建仁三年（一二〇三）十月二十七日条に「武蔵国諸家の輩、遠州（北条時政）に対し、弐《ふたごころ》を存ずべからずの旨、殊にこれを仰せ含めらる、左衛門尉（和田）義盛奉行たりと云々」という記事がある。

この記事の評価については、いくつか見解が分かれるが、その多くは前述した統治的支配（Ⅰ）の観点から述べられることが多い。例えば、武蔵守平賀朝雅と岳父北条時政の関係から、朝雅の持っている国衙行政権を背景に、国内御家人を掌握しようとする一歩と見る考えがあり、一方、北条時政を武蔵守朝雅の持つ国務管掌権の行使（代行）者とする見解である。いずれも武蔵武士の統率権を持つ武蔵国留守所惣検校職畠山重忠との対立を前提としており、畠山重忠の乱への前提と見る。しかし、前述したように、武蔵国の国務は政所の支配下にあり、武蔵守はそれほど大きな権限は持っておらず、武蔵国留守所惣検校職もまだ存在していなかった。

この記事は主従的支配（Ⅱ）に関する記事と考えた方がよいであろう。前述したように、鎌倉初期の武蔵武士は鎌倉殿の指揮下にあった。その鎌倉殿（実朝）が、侍所別当和田義盛を奉行として、武蔵国内の御家人に、遠江守北条時政に対し、忠誠を誓うことを命じたのである。すなわち、鎌倉殿（実朝）が、武蔵国内の御家人に対して、自分に代わって北条時政の指揮下に入るよう命じたと考えたほうが理解しやすい。ポイントは、御家人統制を職掌とする侍所別当が沙汰している点にある。ここに見える「武蔵国諸家の輩」とは、いわゆる「武蔵武士」（中小の党的な武士団）だけではなく、畠山氏や河越氏などの秩父一族も含めた武蔵国内の御家人全般と考えられる。

北条時政は、実朝の時期には政所別当に就任し、御家人に対し所領安堵を行っている。この時期の北条時政は、鎌倉殿（実朝）の後見として、執権（政所別当の筆頭）として政治権力を握り、さらに鎌倉殿（実朝）の指揮下にあった武蔵国内の御家人をもその支配下に置いたのである。

おわりに

左の【図1】は、鎌倉時代前期、源頼朝の時代の武蔵国支配を図にしたものである。武蔵守が国務の一部を分担担当していたこと、武蔵武士が鎌倉殿（源頼朝）の直属軍として、その直接の指揮下に置かれていたことを示している。

【図1】将軍知行国武蔵国支配（鎌倉時代前期、頼朝の時代）

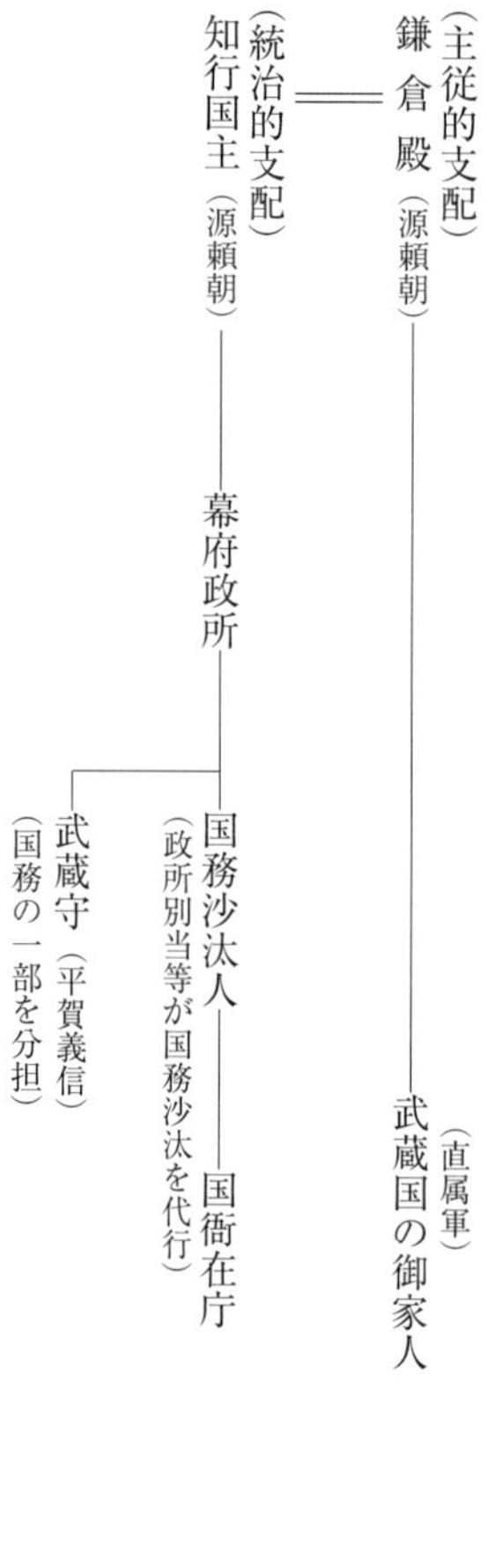

頼朝の構想は、家督頼家が、将来武蔵国支配を引き継ぎ、武蔵武士を基盤とすることだった。しかし、源義経の謀反に始まる事件によってその構想は破綻していったと考えられる。頼朝没後、北条時政は、頼朝の後家である娘政子の権威を背景に、武蔵守に関わる源氏一門や豪族的武蔵武士と姻戚関係を結び、さらに身分が諸大夫層に上昇して政所別当になり、政所及び武蔵武士をその支配下に置いた。その子義時は時政の築いた土台を継承し、侍所別当も手中に収めている。

左の【図2】は、源実朝の時代の武蔵国支配を図にしたものである。武蔵武士は鎌倉殿（源実朝）の直属軍ではなくなり、執権北条氏の指揮下にあり、幕府政所も執権北条氏の管轄下に置かれていたことを示す。

【図2】　将軍知行国武蔵国支配（鎌倉時代前期、実朝の時代）

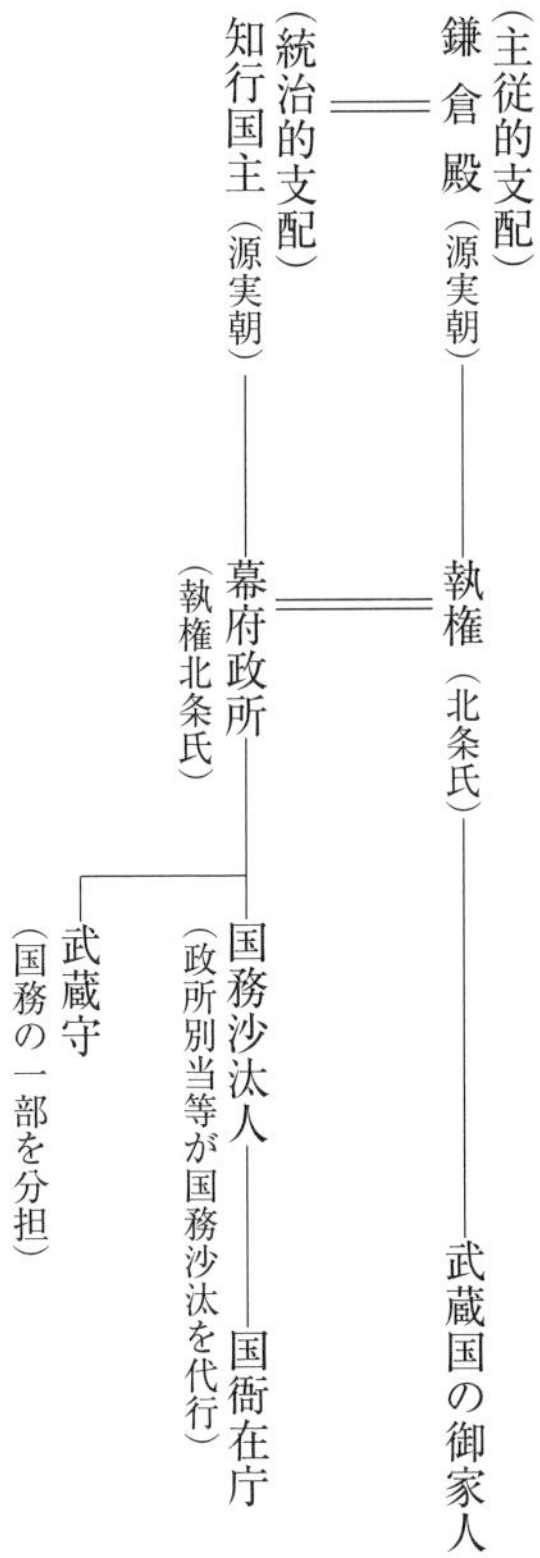

承久の乱の際、政子が泰時の上洛を命じた時、「安保刑部丞実光以下の武蔵国勢を相待ち、速やかに参洛すべし」と指示している。安保実光《さねみつ》は泰時の岳父であり、武蔵国の御家人は、北条氏の指揮下にあり、幕府軍の中核となっていたのであろう。

承久の乱以降、執権北条泰時は父義時の権力を継承した。鎌倉幕府の武蔵国支配は泰時が長期間武蔵守に在任したことにより、確立した。嘉禄二年（一二二六）四月十日には被官の河越氏三郎流の重員《しげかず》が武蔵国留守所総検校職に補任されている。

さらに武蔵守経時《つねとき》の時期には、経時の管理する由比ヶ浜《ゆいがはま》の浜御倉《はまみくら》には武蔵国の乃貢が納められ、北条時頼《ときより》が赤痢により執権を長時《ながとき》に譲った際には、武蔵国の国務等が北条長時に預けられるなど、武蔵国の国務は得宗家に相伝され、得宗分国化が進んだ。

〔参考文献〕

石井進「比企一族と信濃、そして北陸道」（黒坂周平先生喜寿記念論文集『信濃の歴史と文化の研究』、一九九〇年）
岡田清一「武蔵国留守所惣検校職について」（『鎌倉幕府と東国』第二編第四章、二〇〇六年、続群書類従完成会、初出『学習院史学』一一号、一九七四年）
金沢正大「十三世紀初頭に於ける武蔵国々衙支配」（『政治経済史学』二二二号、一九八五年）
菊池紳一「北条時政発給文書について―その立場と権限―」（『学習院史学』一九号、一九八二年）
菊池紳一「武蔵国における知行国支配と武士団の動向」（清水亮編『畠山重忠』所収、シリーズ・中世関東武士の研究第七巻、戎光祥出版、二〇一二年、初出は『埼玉県史研究』一一号、一九八三年）

菊池紳一「秩父一族の展開」(『埼玉地方史』四〇号、一九九八年)
菊池紳一「武蔵国留守所惣検校職の再検討―「吾妻鏡」を読み直す―」(『鎌倉遺文研究』二五号、二〇一〇年)
菊池紳一「鎌倉幕府の政所と武蔵国務」(『埼玉地方史』六五号、二〇一一年)
菊池紳一「平姓秩父氏の性格―系図の検討を通して―」(『埼玉地方史』六六号、二〇一二年)
菊池紳一「武蔵武士の概念と特色」(北条氏研究会編『武蔵武士の諸相』、勉誠出版、二〇一七年)
菊池紳一「源頼朝の構想―子供たちと武蔵武士」(北条氏研究会編『武蔵武士の諸相』、勉誠出版、二〇一七年)
永井晋「鎌倉初期の武蔵国衙と秩父氏族」(埼玉県立歴史資料館『研究紀要』七号、一九八五年)
七海雅人「鎌倉幕府の武蔵国掌握過程」(『三田中世史研究』一〇号、二〇〇三年)

摂家将軍と親王将軍

九条(藤原)頼経像（明王院蔵）

非源氏将軍の登場
——摂家将軍から親王将軍へ——

関口崇史

はじめに

鎌倉幕府歴代将軍九人のうち、源氏は源頼朝《みなもとのよりとも》・頼家《よりいえ》・実朝《さねとも》の三名である。残りは、九条頼経《くじょうよりつね》・頼嗣《よりつぐ》の摂家将軍、宗尊《むねたか》親王・惟康《これやす》親王・久明《ひさあきら》親王・守邦《もりくに》親王の親王将軍である。これは、足利《あしかが》氏、徳川《とくがわ》氏出身の源氏将軍がそれぞれ十五代続いた室町幕府・江戸幕府と、最初の武家政権鎌倉幕府との大きな相違点である。言い換えれば、鎌倉幕府において、将軍は源氏でなければならないという認識は確立されていなかったということになる。

また、源家三代、摂家将軍、親王将軍（宗尊・惟康親子、久明・守邦親子）のいずれもが親子二代以上継承されなかったことも、鎌倉幕府が将軍における血の連続性に対する意識が希薄であったことを示している。

将軍権力には二つの権力があると言われている。主従制的支配権と統治権的支配権がそれである。鎌倉幕府において初代頼朝は、その二つの権力を有しており、三代実朝までは、形式上将軍権力の行使が確認される。しかし、四代将軍以降、執権北条氏《しっけんほうじょう》に統治権的支配権を奪われ、将軍は主従制的支配権のみを有するものの、その地位は低下していった。

本章の目的は、低下する将軍権力の実態や、その原因を考察するものではない。将軍に残された主従制的支配権の変化を考察するものである。なぜなら、主従制的支配権が主人と従者という個人間における「人格的支配服従関係」の上に成立する「個別的な支配権」であるならば、源氏の家人《けにん》である鎌倉御《ご》家人《けにん》が新たなる血筋の将軍を迎えた時、その主従関係に何らかの変化が予想されるからである。

そこで、最初に源家三代における将軍と御家人との関係と求められた将軍像を確認した上で、頼経・頼経、宗尊親王と彼らに近仕した近習番《きんじゅうばん》との関係を中心に考察し、非源氏将軍に求められた将軍像と将軍権力を明らかにするものである。

一　源家三代期における主従制

最初に、源頼朝・頼家・実朝と御家人との関係を確認しておこう。平治元年（一一五九）、頼朝の父義朝《よしとも》に従い、平治《へいじ》の乱で戦死した山内首藤俊通《やまのうちすどうとしみち》の子経俊《つねとし》（母は頼朝の乳母《めのと》）は、治承四年（一一八〇）七月、源頼朝からの挙兵への参加要請を拒否している（『吾妻鏡《あずまかがみ》』十日条。以下、『吾妻鏡』は日付のみを記す)。さらに、同八月、石橋山《いしばしやま》の合戦では頼朝の鎧の袖に矢を射立てている。また、保元《ほうげん》・平治の乱に義朝に従い戦った上総介広常《かずさのすけひろつね》は、養和元年（一一八一）六月、納涼のため三浦海岸に赴いた頼朝と参会した際、広常の郎従五〇人余りは下馬し、砂上に平伏したが、広常は下馬せず、轡《くつわ》を緩めて会釈しただけであった。頼朝に供奉《ぐぶ》していた近習三浦義連《みうらよしつら》が広常の無礼を咎《とが》め、馬を下りて礼をすることを求めた。これに対して、広常は「公私ともに三代の間、未だそのような礼をしたことはない」と承知しなかった（十九日条）。

二つのエピソードは、父義朝に従った家人が無条件に頼朝と主従関係を結ばなかったこと、そして、広常を代表とする独立心の強い東国武士の姿がうかがえ、頼朝は彼らを自分の器量と力で従わせたのである。

建久四年（一一九三）五月、頼朝は、駿河《するが》国富士で開催した巻狩《まきがり》に子源頼家を同行させた。そして、頼家が初めて鹿を射止めると、頼朝は祝いのために矢口祭《やぐちのまつり》を行い、その喜びを妻北条政子《まさこ》に伝えている（十六日条）。頼朝は、頼家を自分の後継者と御家人に認めさせるために、多数の御家人の前で頼家に武芸を披露させたのである。

建保元年（一二一三）九月、源実朝が、誅殺された畠山重忠《はたけやましげただ》の子重慶《ちょうけい》に謀反《むほん》の疑いがあり、長沼宗政《ながぬまむねまさ》に重慶の生け捕りを命じた。しかし、宗政は重慶を殺害し、頸《くび》だけを持ち帰ってきた。宗政の行為を歎く実朝に対して、宗政は、今は歌・蹴鞠《けまり》を以て業として、武芸は廃るも同然だ。女性を宗として、勇士はいないも同然だと、実朝を痛烈に批判したのである（二十六日条）。

実朝と宗政とのエピソードは、主従関係は個人間で結ばれるため、父の家人と主従関係を継承するには自身の器量を示すことが必要であったことを示している。頼朝は子頼家をその後継者として認めさせるため、御家人の前で頼家に武芸を披露させた。御家人の求めた器量が武芸であったためである。そして、武芸より和歌、蹴鞠に熱心だった実朝は、批判の対象となったのである。

二　四代将軍・九条頼経

1　九条頼経と源頼朝

承久元年（一二一九）正月二十七日、三代将軍源実朝は甥公暁《くぎょう》によって暗殺されてしまう（同日条）。そして、後継者として九条道家《みちいえ》の三男三寅《みとら》（後の頼経。以下、頼経と表記）が、同七月十九日に鎌倉に迎えられた（同日条）。

建保六年（一二一八）二月、熊野詣《くまのもうで》の帰途の途中に京都に立ち寄った北条政子《まさこ》は、後鳥羽《ごとば》上皇の乳母「卿二位《きょうのにい》」藤原兼子《ふじわらのかねこ》と会談し、後鳥羽上皇の皇子を実朝の後継として迎える内諾を得ている（『愚管抄』）。幕府は、実朝に子がなかったため後継者選びを実施し、求めたのは「治天の君《ちてんのきみ》」後鳥羽上皇の血筋だったのである。そして、実朝の暗殺後、承久元年二月、政子は二階堂行光《にかいどうゆきみつ》を京都に派遣し、兼子との約諾に基づき、後鳥羽の皇子雅成《まさなり》親王、または、頼仁《よりひと》親王の下向《げこう》を要請したのである（十三日条）。

しかし、後鳥羽がこの要請を拒絶したため（『愚管抄《ぐかんしょう》』）、摂関家《せっかんけ》の九条頼経が選ばれたのである。

天皇家の血筋を求めていた幕府が、頼経を選んだのは何故だろうか。頼経を養育していた外祖父西園寺公経《さいおんじきんつね》は、親幕府派の公卿《くぎょう》であり、その擁立に尽力したことも大きな要因であるが、最大の要因は、頼経の血筋にあった。摂政《せっしょう》九条良経《よしつね》の嫡子であった父道家の母は、一条能保《いちじょうよしやす》の娘で、彼女は源頼朝の姪であった。また、道家の妻、頼経の母である西園寺綸子《りんし》は、公経と一条能保の娘全子《ぜんし》との間に生まれ、全子もまた、頼朝の姪であった（『増鏡《ますかがみ》』第二「新島守《にいしまもり》」）。つまり、頼経は父方・母方双方から頼朝の血筋に連なっていたのである。しかし、頼経は天皇家の血筋を求めた幕府にとっては次善策であったことは注意しておく必要があるだろう。

2　源姓改姓問題

実朝の後継者として、道家の次男良実《よしざね》でなく、三男頼経が選ばれたのは何故だろうか。その理由として、律令では異姓養子は禁じられていたが、三歳以下の小児は例外として認められていた。承久元年当時、兄良実は四歳、そして、頼経は二歳であった。つまり、頼経は異姓養子（藤原《ふじわら》姓から源姓）が可能であったことも、頼経が選ばれた理由として指摘されている。

実際に、幕府は頼経の源姓への改姓を試みている。嘉禄二年（一二二六）正月、頼経の征夷大将軍《せいいたいしょうぐん》宣下《せんげ》の要請のために上洛《じょうらく》した使者佐々木信綱《ささきのぶつな》は、関白近衛家実《かんぱくこのえいえざね》と会談し、頼経の藤原氏から源氏への改姓を藤原氏の氏社春日大社《かすがたいしゃ》へ赴き可否を問うことを伝えている。しかし、春日明神の神判《しんぱん》は改姓を許さず、頼経の源姓改姓は実現しなかった（『明月記《めいげつき》』嘉禄二年正月二十六日条）。

3　鎌倉殿と征夷大将軍

承久元年七月十九日、頼経を迎えた鎌倉幕府は、その日のうちに政所始《まんどころはじめ》を行った。当時、公卿でなかった頼経に政所開設の資格はなかったため、従二位北条政子の政務代行が宣言されたのである。これは、下向時における頼経の立場が御家人の個人的主「鎌倉殿《かまくらどの》」であったということを意味している。

嘉禄元年（一二二五）七月十一日、後見であった尼将軍《あましょうぐん》政子がこの世を去ると、三寅は、同十二月二十日、大蔵御所《おおくらごしょ》から新造の宇津宮《うつのみや》御所に移り、同二十九日、執権北条泰時《やすとき》を烏帽子親《えぼしおや》として元服して、頼経と名乗ったのである。そして、翌二年正月二十七日、頼経は征夷大将軍に就任する。九歳の頼経は名実ともに幕府将軍となったのである。

将軍頼経の成長に伴い、幕府では、頼経の幕府の年中行事への参加が議論されるようになる。ここでは、二所詣《にしょもうで》への頼経の参加を取り上げて見ていこう。二所詣は、正月から二月にかけて、走湯山《そうとうさん》（現伊豆山神社）・箱根《はこね》神社（あわせて二所権現）と三嶋《みしま》大社を将軍が参詣するもので、頼朝の時代から行われている年中行事であった。

頼経の下向以来、自身による参詣は行われず、奉幣使《ほうべいし》の代参の形態で行われていた。安貞二年（一二二八）の二所詣は従来どおり代参であったが、いったんは、十一歳の頼経による二所詣が計画されている（正月九・十三・二十九日条）。以降、代参か頼経の参詣かが幕府で議論されるのである。

この議論のきっかけは、頼経の征夷大将軍就任による彼の政治的立場の変化によるものである。重要な幕府年中行事の一つ、鶴岡八幡宮《つるがおかはちまんぐう》の放生会《ほうじょうえ》への頼経の参加（安貞二年八月十五日条）も、頼経の二所詣の参加が取り沙汰された安貞二年からであったことからもそのことを裏づけている。

頼経自身による二所詣は、嘉禎三年（一二三七）からである（二月二十一日条）。また、寛喜元年（一二二九）の二所詣では、十二歳の頼経自身の判断で代参に決定している（正月七日条）。周囲から幕府儀礼への参加が求められると同時に、幼いとはいえ、頼経自身も将軍としての自覚を強め、自ら政治的判断を行うほどに成長していたのである。

私的な主「鎌倉殿」は、御家人との主従関係を結ぶことは可能でも、公的な組織である鎌倉幕府の首長として、その公的行事への参加には不充分であり、行事参加には、征夷大将軍という地位が必要条件であったことを物語っていよう。そして、将軍未就任の鎌倉殿の存在は幕府の運営に齟齬《そご》をきたすことになったため、宗尊親王以降の親王将軍は、最初から征夷大将軍として迎えられることになったのである。

4　近習の形成

将軍としての幕府公的行事への参加は、征夷大将軍就任を待たねばならなかった。それでは「鎌倉殿」としての御家人との主従関係はどうであったのであろうか。貞応二年（一二二三）十月十三日、小侍《こざむらい》所別当《どころべっとう》北条重時《しげとき》を奉行として頼経に伺候《しこう》する六番編成の近習番がはじめて編成された（同日条）。

その人選は、以下の十八名であった。

一番　北条重時・結城《ゆうき》朝広《ともひろ》・三浦光村《みつむら》
二番　北条政村《まさむら》・伊賀《いが》朝行《ともゆき》・宇佐美《うさみ》三郎兵衛尉
三番　北条実泰《さねやす》・伊賀光重《みつしげ》・加地《かじ》信朝《のぶとも》
四番　北条有時《ありとき》・佐々木右衛門三郎・信濃次郎兵衛尉
五番　三浦泰村《やすむら》・三浦家村《いえむら》・加藤《かとう》景長《かげなが》
六番　後藤《ごとう》基綱《もとつな》・島津《しまづ》忠時《ただとき》・伊東《いとう》祐長《すけなが》

当時、頼経は六歳であり、当然その人選に頼経の意思は反映されていない。この人選は執権北条義時《よしとき》と政子の意向に基づいて、重時が選定したものであろう。下向当初、頼経の近習として選ばれたのは義時の四人の弟が六番中四番の番頭を占めていた。さらに、義時の後妻伊賀氏の兄弟朝行・光重も選ばれ、それに続くのが、三浦氏の三名で、後に頼経の側近の代表的存在となる光村も近習番になっている。

その後、嘉禎三年（一二三七）三月、頼経の近習番が再編成されている（八日条）。再編成された近習番は以下のとおりである。

一番　名越《なごえ》光時《みつとき》・藤原親実《ちかざね》・三条親実《ちかざね》・隠岐《おき》式部大夫・結城時光《ときみつ》・平賀三郎兵衛尉
二番　三浦光村・狩野《かのう》為佐《ためすけ》・武藤《むとう》景頼《かげより》・後藤基政《もとまさ》・伊賀光重・伊佐《いさ》為家《ためいえ》
三番　北条時定《ときさだ》・佐原《さはら》胤家《たねいえ》・大江《おおえの》範親《のりちか》・斎藤《さいとう》基時《もととき》・本間《ほんま》元忠《もとただ》・飯冨《おぶ》長能《ながよし》

人数に変化はないが、六番編成は三番となり各番六人に変更されている。嘉禎三年は、頼経がはじめて二所詣を行った年であり、頼経は二十歳を迎えていた。

貞応・嘉禎いずれにも選出されたのは三浦光村、伊賀光重の二名であった。貞応では六番中四番頭を占めた義時の兄弟の名は消え、北条氏からは新たに一番頭名越光時、三番頭北条時定が選出され、二番頭を三浦光村が勤めている。注目すべきは、一番・二番の両番頭が後に北条得宗家《とくそうけ》と対立する一族の光時と光村の存在であろう。嘉禎の近習番の人選は、二十歳に成長した頼経の意思と彼がそれまでに形成した御家人との主従関係が色濃く反映されたものとみてよいであろう。

寛元四年（一二四六）二月、「殊なる御願」のために頼経は最後の二所詣を行っている。これは、頼嗣に将軍職を譲った後であり、また、頼嗣の代参とも考えにくく、頼経個人の行動と思われる。しかも、自身の京都送還のわずか五ヵ月前という時期であり、供奉した者はわずか七名で、名越光時・三浦光村・北条時定という近習の面々であった（二十八日条）。

5　宮騒動、京都追放

寛元四年（一二四六）閏四月一日、執権北条経時《つねとき》が二十三歳で没すると、執権職は弟時頼《ときより》に引き継がれた。翌五月「宮騒動《みやそうどう》」（『鎌倉年代記裏書《かまくらねんだいきうらがき》』）と呼ばれる内訌《ないこう》が勃発する。これは、頼経近臣による時頼排除の計画であったが、頼経派が敗北した。頼経側近の名越光時は夜ごと頼経の許に赴き謀反を勧めたとされ（『鎌倉年代記裏書』）、敗北により、出家に追い込まれてしまう。同六月七日、頼経に近い後藤基綱・狩野為佐《ためすけ》・千葉《ちば》秀胤《ひでたね》・三善《みよし》康持《やすもち》が評定衆《ひょうじょうしゅう》を解任され、康持は問注所執事《もんちゅうじょしつじ》も罷免された（八月一日条)。十三日、光時が伊豆《いず》へ流され、千葉秀胤は本領上総《かずさ》に追放された。そして、七月十一日、頼経自身も、幼い頼嗣を鎌倉に残したまま京都へ送還されたのであった。

頼経の京都送還に供奉した三浦光村は、鎌倉へ戻る際も、長年近仕した頼経のもとに最後まで残り、その別れを惜しみ、涙を流したという。後に、光村は再び頼経に鎌倉へ戻ってもらうことを周囲に語ったというエピソードは、頼経と日々仕えた近習との間に強い主従関係が築かれたことを示している(八月十二日条)。『吾妻鏡』は、頼経の将軍としての振る舞いについて、多くを伝えていないが、近習番との関係から、頼経は将軍として御家人から認められた存在に成長したのである。頼経の追放については、父九条道家の存在も含めて考えなければならない問題だが、御家人に認められた頼経の将軍としての器量がその前提にあったのではないだろうか。

三　五代将軍・九条頼嗣

1　征夷大将軍就任

五代将軍九条頼嗣は、延応元年(一二三九)十一月二十一日、四代将軍九条頼経と中納言《ちゅうなごん》藤原親能《ちかよし》の娘大宮局《おおみやのつぼね》(二棟御方《ふたむねのおんかた》)との間に誕生した(同日条)。頼嗣は、寛元二年(一二四四)四月二十一日、六歳で執権北条経時を烏帽子親として、父頼経の先例に倣い元服する。二十八日、将軍宣下を受け、五代将軍に就任した。

就任当初は父頼経が大殿としてその後見を務めていたが、寛元四年の宮騒動により、頼経は頼嗣を鎌倉に残したまま京都に送還されてしまう。幼くして将軍となった頼嗣は、建長四年（一二五二）、その座を追われた時、わずか十四歳であった。そのため、頼嗣の将軍としての事跡はほとんど伝えられていない。ここでは、頼経の鎌倉追放後、頼経に代わって後見役となった執権北条時頼の行動を通じて、頼嗣に求められた将軍像とは何であったのかを探ってみたい。

2　近習番の編成

仁治二年（一二四一）十二月、頼嗣の伺候人が六番編成で、小侍所別当金沢実時《かねさわさねとき》により定められた（同二十九日条）。これは、「将軍御方（九条頼経）の体」を模したものとされている。誰が選ばれたのかは不明である。頼嗣には将軍就任以前から父頼経の先例を踏襲した近習番が置かれたのである。

寛元四年、父頼経の京都送還後、あらためて、頼嗣の近習六番が定められた（九月十二日条）。人選は、時頼自らが行った上、その番帳も時頼自身が執筆している。番帳には、理由なく三回欠席した御家人は罰する旨が載せられたという。この時の近習番も誰が選ばれたか不明だが、後述するように、三浦一族を中心とした反得宗勢力が多く含まれていたものと考えられている。頼経追放後も、頼嗣は父頼経の側近グループに囲まれて成長していったのである。

宝治元年（一二四七）七月一日に行われた頼嗣の近習番の再編は、宝治合戦《ほうじかっせん》を受けてのものであった。

頼嗣の近習番には、合戦で敗れた三浦泰村の一族とその与党が多くを占めていたため、その欠員を補充するためであり、金沢実時を奉行として新たな番衆が追加されたのである（同日条）。幕府内の反得宗家勢力の排除は、頼嗣と密接な関係にあった御家人の排除でもあったのである。

建長二年（一二五〇）十二月二十七日、頼嗣の近習番が六番編成、各十六人、計九十六名の御家人が選出され、その番を勤仕《ごんし》しない御家人は厳罰に処せられることが定められている（同日条）。

3　時頼の求めた将軍像

建長二年二月、十一歳の頼嗣は、書状をもって時頼に諫められている。その内容は、頼嗣に対して文武の稽古に励むことを求めた内容であった。そのため、学問の師範に文士《ぶんし》（文筆官僚）中原師連《なかはらのもろつら》・清原教隆《はらののりたか》を、弓馬の指導には安達義景《よしかげ》・小山長村《おやまながむら》・佐原光盛《みつもり》・武田五郎・三浦盛時《もりとき》といった有力御家人が選ばれた。さらに、御家人の子弟で好文の器量ある者を頼嗣の学友とすることを命じている（二十六日条）。

時頼が頼嗣に対して求めた将軍像は、源家将軍以来の武芸とともに、実朝が長沼宗政に批判された文化的素養も合わせたものであり、摂家将軍に求められた将軍像は源家将軍とは異なることがうかがえる。父頼経と離れ、宝治合戦で頼経の近臣が排除された幼い頼嗣には新たなる主従関係を築くことは難しかったであろう。

四　六代将軍・宗尊親王

1　待望の親王将軍

建長三年（一二五一）十二月二十六日、鎌倉において了行《りょうぎょう》法師・千葉一族である矢作《やはぎ》左衛門尉・長久連《ちょうひさつら》等が捕縛された。彼らは宝治合戦により滅びた三浦・千葉氏の残党で、尋問の結果、謀反の企てが露見し、この件に前将軍九条頼経の関与が取り沙汰された。

翌年二月二十日、幕府は、二階堂行方《ゆきかた》・武藤景頼を京都に派遣した。上洛の目的は、将軍九条頼嗣を廃し、後嵯峨《ごさが》上皇の皇子を新将軍に迎えるためであった。そして、選ばれたのが後嵯峨上皇の第一皇子宗尊親王であった。

宗尊親王は、仁治三年（一二四二）十一月二十二日、後嵯峨と平棟基《むねもと》の娘棟子《むねこ》との間に生まれている。寛元二年（一二四四）正月二十八日、親王宣下。建長四年（一二五二）四月一日、幕府は待望であった皇族出身の親王将軍を鎌倉に迎えたのである。

下向後まもなく宗尊はたびたび病を患い、八月六日には食事も摂れない状況となったため、時頼は評定を行い、鶴岡八幡宮別当隆弁《りゅうべん》に病気平癒の祈祷を命じた。評定に加わっていた安達義景は隆弁に、宗尊の下向は御家人の懇望であり、宗尊を迎えられたことは幕府の名誉であると語っている。その後、宗尊の病状は快方に向かい（八月十・十三日条）、人々は安堵したという。待望の親王将軍を迎えた幕府関係者の思いをうかがわせるエピソードである。

2　征夷大将軍の下向

九条頼経と宗尊親王の鎌倉下向を比べると、両者の下向時の立場にその違いを見いだすことが可能である。頼経が、征夷大将軍でも公卿でもなかったのに対して、十歳で下向した宗尊親王は征夷大将軍、政所開設可能な三品親王として下向している。そのため、宗尊は、政所始を皮切りに下向直後に「○○始」と呼ばれる一連の将軍儀礼を短期間で実施することが可能だったのである（四月十四・十七日条など）。正応二年（一二八九）十月、七代将軍惟康親王に代わり八代将軍として京都より下向した十四歳の久明親王も征夷大将軍として鎌倉に下向し、すぐさま執権北条貞時《さだとき》邸への御行始《みゆきはじめ》をはじめ、多くの「○○始」を行っている（『武家年代記《ぶけねんだいき》』）。

頼経の成長を待って征夷大将軍に就任するまで幕府行事にその参加を見合わせざるを得なかった問題解決のため、鎌倉下向直後から「年齢に関係なく将軍儀礼を遂行可能な将軍」、これこそが宗尊親王の下向に際し、新たに加わった幕府の将軍像であり、幕府の求めたものであったのである。

3　親王の血がもたらしたもの

宗尊親王に流れる天皇家の血と親王という立場は、将軍に新たなる変化をもたらした。建長四年四月、これまで将軍自ら参宮して行われた鶴岡臨時祭《りんじさい》が奉幣使派遣へと変更されている。親王の行啓《ぎょうけい》（外出）

はその血筋ゆえ、たやすく行われないというのがその理由であった（十六日条）。つまり、親王であるがゆえに、宗尊の行動は制限され、御家人から隠されていくのである。

さらに、その血は将軍自体の立場に大きな影響を与えたのである。下向直後の四月十四日、はじめての鶴岡八幡の参宮が行われた。随兵として供奉していた金沢実時・佐原光盛は鎧から布衣《ほい》に着替えて供奉し直している。頼嗣までの歴代将軍は威儀を糺すために「御出」の供奉人がたとえ二人であったとしても必ず勇士（武士）が含まれていた。しかし、親王の「御出」には必ずしもその必要はなく、場合に応じて随兵を選ぶことにしたと『吾妻鏡』は服装の変化について説明している（同日条）。供奉人の服装の変化は、幕府自らが将軍を武家の棟梁《とうりよう》としてではなく、親王としての側面を重視したことを物語る。つまり、宗尊には、源家はもちろん、幼い摂家将軍頼嗣にも求められた武的側面、言い換えれば、武家の棟梁たる立場を幕府は要求しなかったのである。

4　近習の形成

武家の棟梁的性格が希薄となった宗尊親王には、どのような近習が形成されたのであろうか。『吾妻鏡』には、下向直後の建長四年四月、御格子番《みこうしばん》（七二名）、同十一月、問見参番（二〇名）、正嘉元年（一二五七）十二月には伺見参番（二〇名）、御格子番（六〇名）、そして、文応元年（一二六〇）正月に昼番（七八名）、同二月、廂番《ひさしばん》（七二名）がそれぞれ定められている。

宗尊の近習番は、院御所を模したものであった（正嘉元年十二月二十四日条）。しかも、従来の将軍近習番より複雑に整備されたのである。公卿が番頭を勤めた廂番を最上位として、御格子番、昼番、問見参番と続いた。ちなみに、最もランクが低いとされる問見参番には北条氏は選ばれていない。人数も多く、役割分担が明確化された近習達と宗尊との間に主従関係の形成は、難しかったのではないだろうか。整備され、職務が明確となった近習番は、より職務化しただろうし、選ばれた御家人側にも職務という意識が強かっただろう。行動を制限され外出も容易でない宗尊の立場では、頼経のように常に供奉する近習も必要としなかったものと思われる。

将軍の立場の変化は、幕府が発給した文書にも及んでいる。将軍の命令は、執権と連署が伝える体裁の文書によって伝えられた。将軍の命令は、「鎌倉殿の仰せ」という文言で表現されていたが、当該期の文書は「将軍家の仰せ」に文言が変わっている。あたかも、将軍個人を示す「鎌倉殿」から、将軍御所からの外出もままならない「将軍家」の主人宗尊の立場を示しているようである。ただし、次の惟康親王では、旧来の「鎌倉殿の仰せ」に戻り、以降変化することはなかった。幕府は、親王将軍の誕生を契機に将軍個人から将軍家への変化を目指したが、やはり、将軍個人を求める力も一方で、大きかったことをうかがわせる。

5　小侍所別当北条時宗との対立

将軍の近習、外出時の供奉人の設定は小侍所別当の職務であった。承久元年（一二一九）小侍所の設置以来、別当職（長官）は北条氏が独占し、将軍近侍の人事権を掌握していた。宗尊期の別当は金沢実時で、文応元年（一二六〇）二月、執権時頼の子で後の執権時宗《ときむね》が実時とともに就任している。しかし、宗尊は自分自身で供奉人の選定を行うのである。宗尊の行動は小侍所別当の職掌と抵触したため、実時・時宗との対立を招くことになる。行事参加を含めた外出を制限された宗尊としては、自分自身で供奉人を選定することで、主従関係の構築に努めたのであろう。

6　築けなかった主従関係

文永三年（一二六六）六月二十日、宗尊の祈祷僧良基《りようき》の将軍御所からの逐電《ちくでん》をきっかけに、宗尊は将軍職を逐《お》われることとなる。二十三日、宗尊親王の正室近衛宰子《さいし》と娘、後継者惟康王が御所を出ることとなり、二十六日、近国の御家人が鎌倉に参集し、鎌倉は不穏な情勢となった。有事において、将軍は執権邸に移るか、御所に御家人が参集して将軍を守護するのが先例であったが、今回はいずれも行われなかった。宗尊は御所に取り残されたうえ、御所にはわずかに島津忠景《ただかげ》等五名が残ったに過ぎなかった（七月三日条）。宗尊は、頼経のような名実ともに近習と呼べる主従関係を結ぶことなく、鎌倉を逐われたのであった。

おわりに

最後に本章で考えてきた将軍の血筋と、求められた将軍像の変遷と主従関係についてまとめてみたい。

頼朝と子頼家・実朝に求められた将軍は、まずは武芸に秀でた存在であることであった。そのため、頼朝は頼家に多数の御家人の前で武芸の腕前を披露させたのであり、武芸より、和歌・蹴鞠を愛した実朝は痛烈に批判されたのである。次の摂家将軍は、武芸のみならず学問の稽古も必要とされ、文武両道の将軍が求められたのである。そして、幕府が、実朝の後継者として待望した親王将軍は、武家の棟梁の側面以上に親王という立場が重んじられ、高貴なる血筋のため将軍としての行動を多く制限されてしまったのである。

血筋が変化した鎌倉幕府の将軍は、血筋の変化のたびに求められる将軍像も変容したのである。鎌倉時代の前半期に起きた幕府内の争いでは、新将軍として源氏、または頼朝の血筋が擁立されることが多かったが、親王将軍期には、別の将軍候補を立てた争いは確認できない。このことは、親王将軍の代替もまた、天皇の血筋でなくてはならず、しかし、別の天皇家の人物を擁立することは、ほぼ不可能であったことを示しているのであろう。

新しい血筋として迎えられた九条頼経と宗尊親王を近習との関係から比較してみると、頼経は強固な主従関係を近習との間に構築できたのに対して、宗尊は構築できなかったということになる。その原因としては、個人の器量の問題がその前提にあると思われるが、行動が制限された宗尊と近習とともに生活を共にしたと思われる頼経との環境も大きな要因であったであろう。幕府が最終的に求めたのは、御家人と強い主従関係を結ぶ必要も、その機会も制限された、隠された将軍であったのである。

〔参考文献〕

青山幹哉「鎌倉幕府将軍権力試論—将軍九条頼経〜宗尊親王期を中心として—」(『年報中世史研究』八号、一九八三年)
青山幹哉「鎌倉将軍の三つの姓」(『年報中世史研究』一三号、一九八八年)
佐藤進一「室町幕府論」(『日本中世史論集』、岩波書店、一九九〇年、初出は一九六三年)
永井晋「中原師員と清原教隆」(『金沢北条氏の研究』、八木書店、二〇〇六年、初出は一九八八年)
永井晋「北条実時論」(『金沢北条氏の研究』、八木書店、二〇〇六年)
森幸夫『北条重時』(吉川弘文館、二〇〇九年)
渡邊晴美「北条時頼政権の成立について」(『鎌倉幕府北条氏一門の研究』、汲古書院、二〇一五年、初出は一九八五年)
渡邊晴美「北条義時の子息について」(『鎌倉幕府北条氏一門の研究』、汲古書院、二〇一五年、初出は一九九五年)
渡邊晴美「北条時頼政権下の課題について—北条時頼執権期における御家人問題を中心に—」(『鎌倉幕府北条氏一門の研究』、汲古書院、二〇一五年)

鎌倉将軍に就いた皇子たち
――京都目線から見た親王将軍――

久保木圭一

はじめに

鎌倉幕府の将軍は、源氏三代、藤原氏二代（摂家将軍）、皇族四代（親王将軍）と、異なる家系から出ている。この中でも、特に親王将軍は実権をもたない傀儡《かいらい》として片づけられがちであり、深く検討される機会がほとんどなかった。本章は、これら親王将軍について、鎌倉（幕府）目線からだけではなく、京都（朝廷）目線からも捉えることによって、その実像を探ることを目的とする。具体的には、四人の将軍の経歴比較、皇族としての位置づけ、親王将軍を取り巻く和歌の世界や廷臣たちなどを通して、その果した役割について考察する。

一　親王将軍前史――日本国を二分する存在

親王将軍の実現には、前史がある。承久元年（一二一九）二月、北条政子《ほうじょうまさこ》は、暗殺された三代将軍実朝《さねとも》の後継者に、後鳥羽《ごとば》上皇の皇子六条宮雅成《まさひら》親王・冷泉宮頼仁《よりひと》親王のいずれかを望んだ（『吾妻鏡《あずまかがみ》』）。これは、実子のない実朝の生前から、政子が後鳥羽の側近卿二位《きょうのにい》を通して根回しをしていた構想でもあった。しかし後鳥羽は「日本国が二分されることになる」（『愚管抄』）と危惧してこの提案には乗らず、実現しなかった。この年、雅成親王は二十歳、頼仁親王は十九歳である。時の順徳《じゅんとく》天皇は、両親王の兄に当る。この時期朝幕の力関係はほぼ対等であったため、朝廷の主導者である後鳥羽は、皇族が幕府の長として君臨することに警戒心を持ったのであろう。

その後、承久《じょうきゅう》の乱によって朝廷の権威は著しく低下した。仁治三年（一二四二）に四条《しじょう》天皇が急死した時には、幕府は新帝の人選に口出しをして、朝廷の有力者である九条道家《くじょうみちいえ》の意向を覆し、後嵯峨《ごさが》天皇の皇位継承を可とした。これを機に幕府は道家の排斥に動き、その孫である五代将軍頼嗣《よりつぐ》を鎌倉から追放し、新たに後嵯峨の皇子宗尊《むねたか》親王を将軍に迎えたのである。承久の乱後、朝幕の力関係が大きく変化したことによって、親王将軍が実現したことになる。

二　希薄な存在感──鎌倉目線からみた親王将軍

親王将軍の伝記は過去にほとんどなく、辞典類を除けば『鎌倉将軍執権列伝』（昭和四十九年刊）がほぼ唯一のものである。それ以前では、『大日本史』まで例がないように思われる。その「列伝」に収録された彼らの伝記はしかし、内容のほとんどが「将軍在任中の鎌倉幕府の歴史」であって、当の親王自身のことはほぼ言及されていない。『鎌倉将軍執権列伝』もまた、個々の親王の実像に何とか迫ろうとする努力が文章の端々から窺《うかが》えはするものの、おおむねこれと似通った結果となっている。

『大日本史』における頼朝《よりとも》伝は、頼朝の意志＝幕府の意思であるために、違和感なく読むことができる。ところが、親王将軍のくだりに至って「北条長時《ながとき》の執権《しっけん》を辞めさせて政村《まさむら》に代え、時宗《ときむね》を連署《れんしょ》とし、時輔《ときすけ》を六波羅南方《ろくはらなんぼう》探題に任じた」（宗尊親王伝）とか、「六波羅南方探題北条時輔が謀反を企てたので、北条義宗《よしむね》を遣わして滅ぼした」（惟康《これやす》親王伝）とか、「元の使者の杜世忠《とせいちゅう》を斬った」（同）とか書かれていても、当時の幕府の意思決定を主導したのが北条得宗《とくそう》ないし執権であるために、そこに将軍の意思を読み取ることは難しい。久明《ひさあきら》・守邦《もりくに》両親王の伝記に至っては、ほとんど幕府要人の任免記事に終始している。このように、親王将軍がどういう役割を果たしたのかは、幕府の動向そのものに目線を据える限り、まったく見えてこないのである。

当時の将軍の存在感を示す史料を二つ、紹介したい。一つは、北条時宗《ときむね》時代の『建治三年記《けんじさんねんき》』に記録されたものである。大意は、以下のとおりである。

惟康親王の御所ができたので、親王がお移りになられた。五位六位の者たちが、あとに従った。時宗は、親王が御所に入られたところを見計らって、庭に降りてそこに座った。御家人《ごけにん》たちもこれにならって、庭に列座した。

この記事から読み取れるのは、時宗が将軍を御所に迎えるため庭に降りるということで、最大限の礼を尽したということである。幕府の実質的な長である時宗が庭先の地べたに座ってしまうのであるから、御家人たちはよもや殿上に座ることなどできようはずはない。一同がん首を並べて、ずらりと庭に控えたというわけである。時宗が将軍の権威を誇示するために行なった、パフォーマンスといえよう。

反対に、このような史料もある。幕府滅亡直前に後醍醐《ごだいご》天皇方として戦った、護良《もりよし》親王の令旨《りょうじ》（命令書）である。

伊豆国府の小役人であった時政《ときまさ》の子孫高時法師《たかときほっし》が朝廷をないがしろにするので、討伐する。すぐに戦場に馳せ集まるように。

護良が敵として名指ししているのは当時の将軍守邦親王ではなく得宗北条高時であり、幕府の長であるはずの将軍は、ここでは当事者としての資格を喪失している。

では、時宗時代から鎌倉末期にかけて、親王将軍の存在感が失墜したのであろうか。筆者はそうは考えない。むしろ、二つの史料は同じことを言っているように思う。たとえば、幕府の命令書である政《まん》所下文《どころくだしぶみ》の末尾は、その末期に至るまで、「将軍の仰せは以上のとおりである」となっている。幕府の最高指導者は将軍であると、あくまで表明しつづけたといえよう。これらの史料からは、将軍の存在感は幕府のアピールにもかかわらず終始希薄であったことを読み取るべきであるように感じられる。

三　四人の実像――その父、その母、就任年齢、在職年数

四人の親王将軍の実像に迫るため、まずそのプロフィールについて確認する。詳細は『鎌倉将軍・執権・連署列伝』にあるとおりであるので、ここでは四人を比較する形で特徴を探ってみたい。

1　その父――宗尊親王と久明親王の立場の違い

四人の親王将軍は、二つの系統に分れる。一つは後嵯峨天皇の皇子宗尊親王とその王子惟康親王の系統、もう一つは後深草《ごふかくさ》天皇（後嵯峨天皇皇子）の皇子久明親王とその王子守邦親王の系統である。同じ皇族であっても、両者は政治的な位置を異にしている。

宗尊親王は第一皇子であり、父の愛情を一身に浴びる存在であった。三歳で親王宣下《しんのうせんげ》され、八歳で天皇家屈指の大荘園群・室町院《むろまちいん》領の相続人となっていた。親王は、将軍就任以前から一定のステータスを持っていたのである。また、将軍辞職後の話になるが、その王女二人は父親王の異母弟である亀山《かめやま》天皇（大覚寺統《だいかくじとう》初代）やその皇子である後宇多《ごうだ》天皇の後宮に入り、大覚寺統と深い縁故を持った。特に、帰京後にもうけた次女の瑞子《ずいし》女王は後宇多の信任が厚く、永嘉門院《えいかもんいん》の院号を賜り、嫡孫の皇太子邦良《くによし》親王の

養育を任されている。皇孫の女王が女院号を受けたのは、これが唯一の例である。

これに対し、後深草（持明院統《じみょういんとう》初代）の皇子久明親王は、宗尊親王ほど恵まれた立場にはなかった。皇位が後嵯峨→後深草（持明院統）→亀山（大覚寺統）→後宇多（大覚寺統）というように持明院統から離れたため、将軍になる以前の久明親王は親王宣下もされず、無名の皇子であった。彼が将軍となったのは、兄が後宇多の次の天皇となり（伏見《ふしみ》天皇）、父後深草が院政を布くことで持明院統が復権したためである。

持明院統の復権は幕府の意向によるところが大きいが、幕府が大覚寺統と対立関係となったというわけでは必ずしもない。皇位は両統で交互に継承するよう勧告するなど（両統迭立《りょうとうてつりつ》）、むしろどっちつかずの態度を取り続けた。一方天皇家のほうでも、皇位継承に発言力を持つ幕府の意向をつねに気にかけていた。親王将軍も、天皇家内部における位置づけから、こうした政治状勢と決して無縁ではなかったのである。

2　その母――個々にステータスを持つトップ・レディたち

宗尊親王の生母は、平棟子《たいらのとうし》である。その実家は桓武平氏であるが、平清盛《きよもり》に代表される「武門平氏」とは別系統で、平安時代初期から貴族として続いたいわゆる「堂上《とうしょう》平氏」である。代々の当主が公卿《くぎょう》になるかならないかといった家柄で、棟子の父棟基《むねもと》や祖父棟範《むねのり》は、公卿にはなれずに終わっている。棟子は宮中に上がり四条天皇に仕えたが、四条の急死後天皇となった後嵯峨が、践祚《せんそ》（天皇の地位を継承すること。多くの場合、前の天皇の死去・退位の直後）の儀式に奉仕した棟子を見初めたのがきっかけで、寵愛を受けるようになった（『増鏡《ますかがみ》』）。関白近衛兼経《かんぱくこのえかねつね》の日記は、彼女が「極美人」であったと記してい る（『岡屋関白記』寛元四年正月十五日条）。後嵯峨が践祚したのは仁治三年（一二四二）正月であり、宗尊親王の誕生は同じ年の十一月である。まさに、ハネムーン・ベビーというべきタイミングでの誕生であり、母子がいかに後嵯峨に愛されたかが想像できよう。後年、棟子は従一位から准后《じゆごう》（皇后に准じる地位）に至り、長く宮中におけるトップ・レディの一人として遇された。宗尊親王の死後も長命したことが知られる。棟子の栄達は、棟子自身の実家をも救った。その兄弟成俊は母方のおじの養子となって藤原氏に改姓していたが、平姓に復し権中納言《ごんのちゆうなごん》に至っている。

惟康親王の生母は、近衛兼経の娘、宰子《さいし》である。正元二年（一二六〇）、京都から鎌倉にくだり、執権北条時頼《ときより》の猶子《ゆうし》（名義上の子）となって宗尊親王と婚姻した。当時宗尊親王十九歳、宰子二十歳であった。宗尊親王の突然の将軍辞任は、宰子と将軍付きの僧侶とのスキャンダルがきっかけとされる（詳細は不明）が、それを裏づけるかのように宰子は宗尊親王とは別々に帰京している。帰京後の宰子は実家である近衛家の庇護を受け、一緒に連れ帰った王女は後年、叔父にあたる亀山の後宮に入った。

久明親王の生母は、内大臣三条公親《さんじようきんちか》の娘、従三位房子《ぼうし》。三条家は摂家《せつけ》に次ぐ清華家《せいがけ》の家格を有しており、大臣大将から太政大臣まで昇進できる家柄であった。房子は、遊義門院《ゆうぎもんいん》付きの女房だったという。遊義門院とは久明親王の異母姉姈子《れいし》内親王のことで、のちに従兄弟に当る後宇多の后となった女性である。女院号を得たのは正応四年（一二九一）であるから、房子は息子の将軍就任後、二分した皇統を結ぶ女院の身辺に出仕していたことになる。

守邦親王の生母は、前々将軍である惟康親王の王女である。久明親王は、他の女性との間に守邦親王よりも年上の子をもうけていた。守邦親王が父の後を継いだのは、その生母が二つの親王将軍家をつなぐキーパーソンとして認識されたためと思われる。

このように、親王将軍の生母たちは、いずれも上流貴族の出である。出自が最も低いのは宗尊親王の生母であるが、後嵯峨の寵愛を背景に准后にまで昇り、四人の生母の中では最も高い地位を得た。親王将軍は、その生母の身分においても高貴であったといえる。

もう一つ、生母との関係で特筆すべきなのは、そこに王朝秩序とは別の、幕府独自の価値観が見えることである。宗尊親王の妃宰子が北条時頼の猶子となったのは、先代の将軍九条頼嗣が時頼の妹（檜皮《ひわだ》姫《ひめ》）と婚姻したのと同じく、将軍と北条氏との関係を深める狙いがあったと思われる。しかし、猶子関係というのは、自分よりも上位の者の名義上の子となることで従来よりも高い地位を得る場合が多い。ここではそれとは反対に、関白の娘が正五位下相模守でしかない時頼の猶子とされているのである（もし宰子が事情をよく理解せずに鎌倉に下向してきたとしたら、かなりショッキングな出来事となったかもしれない）。王朝秩序よりも幕府内の関係性が重視されたがゆえの措置であろう。守邦親王の異母兄㵁明《ひろあきら》親王についても、同じことが言える。㵁明の「㵁」字は、伏見天皇（諱は㵁仁）から賜った偏諱《へんき》（自分の諱に目上の者の一字をもらうこと）であった。生母も父親王と同じく三条家の出身であり、決して卑母とはいえない。守邦親王よりも年長で天皇の偏諱さえ得ながら㵁明親王が将軍とならなかったのは、幕府が将軍職継承について、宗尊親王以来の血筋を重視する考えを持っていたことの現れであろう。

3　就任年齢——将軍就任の「適齢期」

親王将軍の就任年齢は、概して若い。宗尊親王は十一歳、惟康親王は三歳、久明親王は十四歳、守邦親王は八歳である。もっともこうした傾向は、三代将軍源実朝の十二歳、四代将軍九条頼経《よりつね》の九歳、五代将軍九条頼嗣の六歳といったころから続いており、将軍から実権が離れる一因であった。二代将軍頼《より》家《いえ》は二十一歳と成年後の就任であるが、父と比べて未熟さは覆いきれず、その地位をはく奪されるに至った。誤解を恐れずにいえば、幕府の長たる将軍らしい仕事をしたといえるのは、四十六歳で就任した初代将軍頼朝だけであったのかもしれない。

十代で将軍に就任した宗尊・久明の二親王は、ともに天皇の皇子である。宗尊親王の将軍就任は摂家将軍が罷免されたことに伴うものであり、久明親王のそれは持明院統が復権したことに伴うものである。政権交代の時期に際して、適当な年齢であった者が選ばれたのである。皇位継承と無関係な皇子は十代前半までで出家する場合が多かったので、ちょうど身分の定まるべき「適齢期」であったといえようか（もっとも宗尊親王の場合室町院領の相続人としての立場があったから、無名の皇子である久明親王ほど切羽詰まっていなかったかもしれないが）。惟康親王の三歳は将軍就任の最年少記録であるが、これは父の突然の辞任によるものである。反対に、守邦親王の場合は、父久明親王が平和裡に辞任した（後述）後を受けての将軍就任であった。八歳という就任年齢が四代将軍頼経（九歳）・五代将軍頼嗣（六歳）と似たり寄ったり（元服もほぼ同時期）であるのは、このあたりが将軍就任の「適齢期」と考えられ、一方で久明親王の引退時期もそのタイミングで定められたようにも思われる。

4　在職年数について――平穏であるがゆえの長期在任

在職年数が長いのも、親王将軍の特色である。急に辞任した宗尊親王の十四年をイレギュラーと見なすのであれば、おおむね二十年前後在職したことになる。摂家将軍・親王将軍とも、生前に将軍を辞任している（守邦親王は幕府滅亡の三ヵ月後に死去）。成長した将軍の周囲に反北条の御家人が集まり脅威となったため除かれたという説があるが、果たしてそうだろうか。二代将軍頼家は周囲の反発を買い、わずか数年で排除された。摂家将軍も、九条道家失脚後五年半で追放された。幕府の歴史がこのような苛烈な政争の連続であることを考えると、二十年もの歳月はあまりにも長すぎる。

宗尊・惟康親王父子の辞任は周囲の状況に翻弄された結果であると推察できるが、在職十九年の久明親王が辞任した際には、特に不都合が生じたとは思われない。将軍辞任後も、北条貞時《さだとき》の十三年忌に親王の妃（惟康親王の王女とは別人）が前将軍御台所《みだいどころ》として関与しようとしたり、親王の死に幕府が喪に服し百ヵ日法要が鎌倉御所で営まれたりするなど、親王と幕府との関係が平穏であったことを考えれば、その辞任は波風の立たないものであったと考えられる。地方に下った皇族が一定期間務めを果たし、やがて帰洛していく。その姿に往年の斎宮のあり方を重ねるのは、行き過ぎた想像であろうか。

四　俗人親王としての親王将軍——皇族としての位置

摂関期までは、天皇の皇子の多くが親王とされた。しかし、院政期以降、皇位継承と無関係な皇子の多くが出家し法親王《ほっしんのう》となったため、俗人の親王は珍しい存在となっていた。以下、「親王」という地位を通して親王将軍の実像をさぐってみる。

1　皇子たちの処遇——成年の俗人親王は例外的存在

鎌倉時代における親王の処遇は、おおむね次の四つに分類できる。

①天皇となる。（皇太子のまま死去した例も含む）
②僧侶となる。
③夭折《ようせつ》する。
④俗人親王として成人する。

このうち②には、二通りある。幼時に親王宣下された後十代前半ころまでに出家する場合（狭義には「入道親王」と呼ばれ区別される）、出家した後に親王宣下されて法親王となる場合である。いずれの場合も、僧侶となった皇族は一定の格式をもった寺院に入ることで、経済的にも保証された。

ただし、①〜④に含まれない例外もある。宗尊親王の父後嵯峨の場合、父帝土御門《つちみかど》天皇が承久の乱に縁坐して配流《はいる》された背景から、二十三歳で天皇となるまで親王宣下されず、また出家もしていない。なまじ俗人であるために、僧侶となった場合に期待された経済的な恩恵もなく、そのまま埋もれてしまう可能性が高かった。この境遇から天皇の位につくことができたのが、後嵯峨本人にとってどれほど重大なことであったか、そしてそうした幸運を与えてくれた幕府に対してどういう感情を抱いたのかは、この一事からも容易に察することができよう。

平安末期の高倉天皇から後醍醐天皇までの皇子のうち、それぞれの該当者は、①が二十四名（後高倉院を含む）、②が七十一名（うち入道親王が十三名）、③が八名、④が十六名（うち四名が親王将軍）である。この数字を見てもわかるとおり、鎌倉期には、成年の俗人親王は例外的存在だった。

2　官歴にみる親王将軍――皇族の中では優遇された存在

人臣として官途《かんと》に就いた惟康を除くと、三名の親王将軍は、将軍就任時に三品《さんぽん》に叙された。将軍としての活動を行う前提として政所を開設するには、一品《いっぽん》から四品《しほん》までの親王か、人臣であれば三位以上でなければならないとされている（『家領職員令《けりょうしきいんりょう》』）。三歳で将軍となり同時に従四位下に叙せられた惟康の場合も、四年後、元服した年に従三位に叙せられたことで政所開設の資格を得たことになる。宗尊・久明の二親王は長じて一品に昇叙され、それぞれ中務卿《なかつかさきょう》・式部卿《しきぶきょう》に任じられた。孫王である惟康・守邦の二親王は二品となったが、征夷大将軍以外の官職は与えられなかった。例は少ないが、ある程度整然としたルールが存在したという印象がある。

鎌倉期における他の親王の場合、四品や無品《むほん》の者もいた。多くは元服時に三品に直叙されたが、昇叙された例は見当たらない。宗尊・久明の二親王以前に官職に就いたものはなく、守良親王（亀山皇子）の兵部卿《ひようぶきよう》、尊治《たかはる》親王（後の後醍醐）の大宰帥《だざいのそち》・中務卿（立太子に伴い辞任）の例がこれに続く。こうした親王の叙位任官の傾向は、後醍醐天皇の代になってやや様子が変わり、昇叙された例や二品に直叙された例が現れ、任官例もにわかに増える。その多くが後醍醐の皇子の例であり、別個に検討すべき傾向と思われる。また、この時期に現われる皇孫親王は、いずれも無品である。このように、親王将軍の官位は、他の俗人親王と比べ優遇されていた。当時の官位に経済的なメリットは伴なかったが、皇族内における格付けという点では無意味なものではなかったと思われる。

金地院《こんちいん》に宗尊親王の百ヵ日に臨んで書かれた惟康親王の願文《がんもん》が伝わっている。文飾紛々たる内容であるが、宗尊親王の中務卿任官について寛弘以来絶えていたものが復活したと言及しているのが目をひく（寛弘は摂関政治全盛期の年号）。中務卿の復活は約二百年ぶりの出来事であり、前例を重んじる朝廷においては意味があったはずである。歴代の中務卿に前中書王《さきのちゆうしよおう》（醍醐《だいご》天皇皇子兼明《かねあきら》親王）・後中書王《のちのちゆうしよおう》（村上天皇皇子具平《ともひら》親王、村上源氏の祖）といった賢才で知られた人物がいたことは、貴族社会では常識であった。宗尊親王も同時代史料には「中書王」と表記されるが、それを見るものの脳裏に、王朝時代全盛期の先達の存在がシンクロしたとしてもおかしくはない。もっとも、『吾妻鏡』は宗尊親王の中務卿任官を記録していない。『吾妻鏡』の残存状況によるものなのか、なんらかの意図があって省かれたのかは、明らかではない。

3　惟康親王の処遇迷走——期せずして生まれた宮家の萌芽

四人の親王将軍の中でその処遇が最も迷走したのは、惟康親王である。当時は、親王の王子が親王となることが認められていなかったためである。彼は、父の将軍辞任後三歳で従四位下征夷大将軍に叙任された。当時は惟康王と名乗っていた。七歳で源姓を賜り元服、従三位となった。以後十七年間非参議のまま（位階は累進して正二位）であったが、二十四歳で中納言右近衛大将《うこのえのたいしょう》（以下右大将）となった。その四ヵ月後には二品《にほん》親王となっている。

惟康の右大将任官は頼朝以来のことで、蒙古《もうこ》襲来《しゅうらい》という未曽有《みぞう》の国難に直面した幕府による「頼朝再来」のイメージ戦略であったと考えられる。しかし、時の平頼綱《よりつな》政権はその後政治方針を転換し、幕府首脳部の王朝官位を向上させることでその権威を保とうとした。これに伴って、惟康の皇族化という前代未聞の事態が実現したのである。

惟康の身分が王→源氏→親王とめまぐるしく変化したのは、このように幕府の思惑が二転三転した結果であった。その経歴は異例ずくめであったが、朝廷は唯々諾々と幕府の要請を受け入れた。こうした朝廷の態度は、当時の朝幕関係の反映といえよう。惟康が親王宣下の二年後に辞任させられたのは、前述のとおり皇位が持明院統に移ったことと、皇孫である惟康よりもよりブランド力の高い現天皇の皇子が幕府の長としてふさわしいと見なされたためであろう。

惟康の親王宣下は、皇族史上画期的な意味を持っている。親王の王子が複数代続くことで、天皇家の分家が宮家《みやけ》として半永続的に存続し得るようになる萌芽となったためである。また、源氏に臣籍降下したものが皇族に復帰したという点でも、極めて異例であった。幕府の外圧によるこれらの先例破りはしかし、皇族の間で慣例化した。久明親王の王子守邦は将軍就任の際すんなりと親王宣下されているし、臣籍から皇族に復帰する「親王返り」も、室町初期に至るまで散見される。

鎌倉後期は、持明院統と大覚寺統の分裂に留まらず、それぞれの皇統がさらに枝分かれして、複数の皇子が皇位継承候補に推されるようになってゆく。院政期以降まれにしか存在しなかった俗人親王は再び量産されるようになり、さらに彼らの子孫が代を重ねて、皇位継承問題をより複雑なものにした。幕府の要請という外圧によって生まれた皇孫の親王宣下という現象を、貴族社会はしたたかに取り込んで、その政治地図に反映していったのである。

五　親王将軍を取り巻く宮廷世界——和歌と廷臣

1　親王将軍と和歌——和歌サークルと政治グループ

鎌倉後期には、北条一族は富裕となり、貴族化していった。それにつれて和歌をはじめ京文化とのかかわりも深くなった。特に宗尊親王は和歌をよくしたため、その御所を中心に鎌倉歌壇は盛んになった。宗尊親王が藤原定家《ふじわらのさだいえ》の嫡子為家《ためいえ》に自作の和歌を送り指導を依頼したり、為家と並ぶ和歌の大家である真観《しんかん》（俗名葉室光俊《はむろみつとし》、承久の乱で処刑された光親の子）が宗尊親王の師として鎌倉に移住するなど、和歌を通しての京都との交流も密になった。特に真観は、為家への対抗意識から、鎌倉歌壇の振興に努めたといわれている。

親王の御所には和歌をよくする鎌倉御家人が多く集まり、和歌のサークルが生れた。もっとも、藤原定家と姻戚関係だった宇都宮氏は、独自に「宇都宮歌壇」を形成しており、親王の人脈とは交わらなかったといわれるし、北条氏屈指の歌人である政村《まさむら》（第七代執権）も、若年に自身が政争に巻き込まれた経験を持つためか、親王とは距離を置いていたらしい。和歌のサークルというものが単なる同好会ではなく、しばしば政治の場となることを考えると、親王の周囲に政治グループに類するものが生れた可能性は否定できない。しかしそれが宗尊親王の将軍辞任とどこまで係わりを持ったのかはわからない。少なくとも、摂家将軍追放の過程で起きた宝治合戦《ほうじかっせん》のような武力闘争は生じていないし、親王が将軍を辞任する際、その御所に誰も参上しなかったという状況を考えると、親王の周囲に政治グループの存在を想定することにはむしろ疑問符をつけたくなる。

正元元年（一二五九）、後嵯峨は藤原為家に勅撰集撰進を命じた。しかし為家の老齢・病気のため作業は進まず、弘長二年（一二六二）九月、真観ら四名の歌人を新たに撰者に加え作業を進める院宣が出た。当時の京都歌壇は為家が牛耳っていたが、為家の父定家を師とする真観は為家と対立していた。真観が撰者に加えられたのは、宗尊親王の推薦によるものであるといわれている。親王将軍が勅撰集撰進に影響力を持ったことは、特筆してよいだろう。ちなみに、同集で最も多くの歌を採られているのも、宗尊親王である。

この勅撰集は『続古今和歌集《しょくこきんわかしゅう》』と名づけられ、文永二年十二月に奏覧《そうらん》（天皇の御前で披露すること）された。竟宴《きょうえん》（勅撰集完成の祝宴）が行われたのは翌三年三月。宗尊親王が将軍を辞任するわずか四ヵ月前のことである。

久明親王も、歌人として名前を残している。親王の御所では歌合もさかんに行われたらしいが、その全貌はよくわかっていない。勅撰集に入集した親王の詠歌は二十二首あるが、そのうち四首が兄伏見、父の正妃東二条院《ひがしにじょういん》、妻、三条公親娘（生母か妻か未詳）といった肉親の死をいたむものである。和歌は虚構を含むものであるが、親王の詠歌には素朴な真情が感じられ、詠み手の人柄を伝えているようにも思われる。

執権北条貞時は親王主催の歌合《うたあわせ》に参加したが、一方では北条一門の家臣が勅撰集に入集するのを禁止したとも伝わる。武家の叙位・任官に厳しい制約があったのと、本質的には同じ理由であろう。執権が配下をしっかりけん制していたのであれば、久明親王の周囲に和歌を通しての政治グループが生れた可能性もまた、低そうである。

北条得宗と和歌の関係も、一瞥しておく。時宗・高時には詠歌が確認できず、反対に貞時は勅撰歌人となっている。純粋に和歌に対する嗜好の有無であろうが、時宗時代の将軍惟康親王、高時時代の将軍守邦親王に詠歌が確認できないことも関係しているかもしれない。

宗尊親王に真観の存在があったように、久明親王にも冷泉為相《れいぜいためすけ》という和歌の師匠がいた。為相は為家の子であり、娘は久明親王の妾となり王子久良親王をもうけている。鎌倉との縁故は、その生母阿仏尼《あぶつに》が為家の遺産をめぐる訴訟のために鎌倉に下向したことで生れたらしい。鎌倉の藤谷《ふじがやつ》に居住し、同名の私歌集も残っている。

真観・為相らは、歌合などを通じて現地での交流を深め、後代の連歌の席における里村紹巴《さとむらじようは》、茶会の席における千利休《せんのりきゆう》のような役割を果たしたものと想像される。もっとも後代の彼らと違い、その仕えた主君は実権を持っていなかったから、幕府の政治に与えた影響はほとんどなかったとも思われる。

2　関東伺候廷臣——親王将軍の日常を支えた人々

親王将軍の身辺には、京都出身の廷臣が数多く仕えていた。彼らのことを、「関東伺候廷臣《かんとうしこうていしん》」と呼ぶ。『増鏡』は、宗尊親王を鎌倉に送り出す際、父後嵯峨が随行の廷臣たちに対して、「将軍に仕えるのは私に仕えるのと同じことで、鎌倉に下向しても昇進に不利がないよう処遇する」と言ったと伝える（『内野の雪』）。

ひと言で関東伺候廷臣といっても、長く鎌倉に居住した者、一時的な滞在に留まる者など、鎌倉との関わり方の深浅は、人それぞれである。断片的な史料しか残されていないので、その動静についてはわからないことが多いが、彼らの出自がいくつかの特定の家に偏っていることは確かである。ほとんどが羽林家《うりんけ》（大納言を昇進の上限とする家柄）の傍系で、近衛中将・少将が昇進のほぼ上限、公卿になったとしても末席といった身分の者が多かった。中には三条・徳大寺《とくだいじ》・花山院《かざんいん》といった清華家の出身者もいたが、これもおおむね傍系であり、官途も似たり寄ったりである。同じ清華家でも、関東申次《かんとうもうしつぎ》として朝幕関係の交渉人となっていた西園寺《さいおんじ》家が含まれていない点も注意を要しよう。関東に下向した経緯もさまざまで、先祖の縁故で鎌倉に居ついたと思われる家や親王将軍の縁故者・鎌倉下向時の随行者等もみられる。前者としては、頼朝の近親者であった阿野（頼朝の異母弟阿野全成《あのぜんじょう》の娘の嫁ぎ先）・一条（頼朝の姉妹の嫁ぎ先）・坊門《ぼうもん》（実朝の正室の実家）といった諸家が、後者としては平（宗尊親王生母棟子の実家）・堀川（久明親王の随行者）などの諸家が知られる。諸国の地頭職を得ていた例、御家人と婚姻した例も知られる。特に蹴鞠《けまり》で知られる飛鳥井《あすかい》家では、雅経《まさつね》が大江広元《おおえのひろもと》の娘と婚姻し、その子教定《のりさだ》が金沢文庫を作った金沢実時《かねさわさねとき》の娘と婚姻している。すべてが持明院統に仕える廷臣と限ったわけではなく、たとえば後醍醐の寵妃である新待賢門院《しんたいけんもんいん》の兄阿野実廉《さねかど》は、代々関東伺候廷臣の家柄で、滅亡直前の鎌倉に居住していた。得宗高時に命を狙われて邸を脱出、新田義貞《にったよしさだ》の軍に投じたという。

彼らは、和歌・蹴鞠などの家芸をもって将軍に奉仕した。それらの家芸は、かつて三代将軍実朝の時代には、将軍の嗜好としては武家の間で否定的に受け止められていたものであった。これひとつとっても、源氏将軍に求められたものと親王将軍のそれとが大きく変化していたことがわかる。

3　幕府要人の烏帽子親として——親王将軍と偏諱

正嘉元年二月二十六日、北条時頼の一子正寿（七歳）は、将軍宗尊親王の臨席のもと元服し、時宗と名乗った。「宗」の一字は、将軍の偏諱であったとみられる。同様の例として挙げうるものに、久明親王と赤橋久時《あかはしひさとき》、凞明親王（守邦親王兄）と北条凞時《ひろとき》、守邦親王と赤橋守時《もりとき》・北条邦時《くにとき》（高時の長子）等がある。ただし久時の場合、久明親王が将軍となる以前に任官している。守時の場合も同様に、守邦親王が将軍となる以前に任官している。凞時の場合、叙爵・任官した時に凞明親王はまだ幼児であったと思われる。もっとも、凞時の初名は貞泰（おそらく第十四代執権貞時の偏諱）であり、どこかの時点で改名したのであろう。久時・守時にしても自らが仕えた将軍と同じ字を敢えて無断で冒すことはなかったであろうから、彼らにも別に初名があったのかもしれない。これらの偏諱が、得宗家と赤橋家にしか例がないのは何故であろうか。将軍の偏諱については諱が共通しているという以外の史料は乏しく、詳細は不明と言わざるを得ない。

おわりに

日本の歴史上、皇子が軍事勢力の長となった例はしばしばみられる。古くは日本武尊《やまとたけるのみこと》、壬申の乱で父天武天皇と共闘した高市皇子《たけちのおうじ》、平家追討の令旨を発した以仁王《もちひとおう》などである。彼らはある時は天皇の意を受けて任務に就き、ある時は天皇と対峙する存在として政権の反対勢力によって擁立された。鎌倉初期には、親王を将軍とすることは日本を二分するものとして忌避されたが、それはある意味正しい見方である。その後朝幕関係の主導権を幕府が握ることで、親王将軍は幕府の権威を補強する装置として機能した。彼らは幕府機構に組み込まれ、身分や進退さえも幕府独自のルールや思惑のままに決められるという受動的立場でありながら、たとえば京文化の体現者として、たとえば幕府トップの子弟の烏帽子親として、その身分に見合った役割を果たしていた。いわば武家政権の権威の部分を将軍が、権力の部分を執権・連署が分担したのである。

親王将軍と武家勢力という組み合わせは、幕府滅亡後もさまざまな形で繰り返される。義良《のりよし》親王（後の後村上天皇《ごむらかみ》）と北畠親房《きたばたけちかふさ》・顕家《あきいえ》、成良《なりよし》親王と足利直義《ただよし》、恒良《つねよし》親王と新田義貞がそうである。武のパートナーが複数にわたる護良・宗良《むねよし》・懐良《かねよし》の諸親王も、同類項と考えてよいであろう。この例を見てわかるとおり、こうした公武のコンビネーションは、南朝のお家芸のようになっていく。彼らはまさに日本を二分にも三分にもしかねない存在だった。皇族を推戴しての反幕運動は、南北朝合一後も後南朝という形で継続され、約九十年もの間室町幕府を脅かした。皇族を武家勢力が推戴するという形式は、鎌倉期のそれとはおよそかけ離れて戦闘的なあり方で、彼らによって受け継がれたことになる。反対に、天皇と同じ京都に居を構え、自らは将軍となった足利政権は、このような形で天皇ではない皇族を推戴する必要がなかったのであろう。むしろそうした例は禁じ手として封印されたかのごとく、その後の歴史上にはみられなくなる。以後皇族を軍事勢力の長として推戴する例は、はるか後世、戊辰《ぼしん》戦争における東征大総督有栖川宮《ありすがわのみや》熾仁《たるひと》親王、それに対抗する奥羽越列藩同盟に擁立された輪王寺宮《りんのうじ》公現《こうげん》親王（のちの北白川宮《きたしらかわのみや》能久《よしひさ》親王）を待たなければならないのである。

〔参考文献〕

井上宗雄『中世歌壇史の研究　南北朝期　改訂新版』（明治書院、一九八七年）
小川剛生『武士はなぜ歌を詠むか　鎌倉将軍から戦国大名まで』（角川選書、二〇一六年）
久保木圭一「王朝貴族としての惟康親王―鎌倉期における皇族の処遇について―」（阿部猛編『中世政治史の研究』、日本史史料研究会、二〇一〇年）
日本史史料研究会監修・細川重男編『鎌倉将軍・執権・連署列伝』（吉川弘文館、二〇一五年）
細川重男「右近衛大将源惟康―得宗専制政治の論理―」（『鎌倉北条氏の神話と歴史―権威と権力―』、日本史史料研究会、二〇〇七年）
湯山学「関東祗候の廷臣―宮将軍家近臣層に関する覚書―」（『相模国の中世史』湯山学中世史論集　増補版6　岩田書院、二〇一三年）

仏門に入った鎌倉将軍の子弟たち

小池勝也

はじめに

本章では、宗教史的な観点から鎌倉将軍家について考察したい。宗教史的な観点といっても、歴代将軍の信仰や、将軍家と各寺社の関係性など、多様な視角からのアプローチが可能だが、今回は鎌倉将軍の子弟の中で、出家して僧侶となった人物達の動向に焦点をあててみよう。

平安期以来、天皇や貴族の子弟の多くが出家して、延暦寺《えんりゃくじ》や東大寺《とうだいじ》などの大寺院に入った。鎌倉将軍も例外ではなかった。しかし後述するように、事績が詳細にわかる者もいれば、ほとんど不明の者もいる。すでに先行研究で個別に検討されている人物はいるものの、鎌倉将軍子弟僧という枠組みで総体的検討を行った研究は見受けられない。これは鎌倉将軍家が、源氏・摂家・宮将軍家と分断される（さらに宮将軍家といっても、七代惟康《これやす》親王と八代久明《ひさあきら》親王の間は直系相続ではなく、血縁的断絶がある）ため、鎌倉将軍家として一体的に捉えるのが難しいことに起因している。しかし、断絶があるとはいえ、その一方で、九代将軍守邦《もりくに》親王も頼朝の血脈を継承しており、前代将軍と血統が異なる四代頼経《よりつね》・六代宗尊《むねたか》親王・八代久明親王には妻に前代将軍家の血脈の者が配されるなど、将軍家としての一貫性を持たせる努力も鎌倉幕府は行っていた。よって、あえて鎌倉将軍子弟僧という枠組みで検討することも決して無意味ではなかろう。

まず、第一節では歴代鎌倉将軍子弟僧の事績を概観する。続く第二節、第三節では、第一節の内容を踏まえ、将軍子弟僧の特徴を考察する。そして第四節では、鎌倉の勝長寿院《しょうちょうじゅいん》という寺院に焦点をあて、この寺院に摂家・宮将軍子弟僧の入室が相次いだ背景を検討する（なお、源氏将軍子弟僧に関する記述は、特に断らないかぎり『吾妻鏡《あずまかがみ》』による）。

一　鎌倉将軍子弟僧の略歴

1　源氏将軍子弟僧

①貞暁《じょうぎょう》（初代将軍源頼朝息）

文治二年（一一八六）十二月二十六日生。二代将軍頼家《よりいえ》の四歳下、三代将軍実朝《さねとも》の六歳上にあたる。母は藤原《ふじわら》（伊達《だて》）常陸介時長《ひたちのすけときなが》の娘。女房として幕府御所に出仕している折、頼朝の手がついた。しかし、ことが露見し、北条政子《ほうじょうまさこ》が激怒したため、お産に関わる儀礼等は一切省略された。出産場所は、長門《ながと》景遠《かげとう》の浜宅であった。しかしその後、景遠が若公（後の貞暁）を匿っていることも政子に露見してしまい、景遠は若公を連れて鎌倉を去り、深澤に隠居した。若公は、建久三年（一一九二）五月、仁和寺《にんなじ》隆暁《りゅうぎょう》法印《ほういん》のもとに入室するため上洛《じょうらく》した。これに先立って、貞暁の乳母《めのと》の選定が行われたが、政子の嫉妬が甚だしいため、辞退者が相次いだという。

仁和寺入室後の貞暁の事績については、『吾妻鏡』にも記載が乏しく同時代史料にも恵まれないため、信頼度はやや落ちるが後世の寺院関係の編纂物によって補いたい。貞暁は、建永元年（一二〇六）に仁和寺御室《おむろ》の道法《どうほう》法親王から灌頂《かんじょう》を受けて一人前の僧侶となったが、二年後の承元二年（一二〇八）には、仁和寺から高野山に移る。これは行勝《ぎょうしょう》上人《しょうにん》という僧侶の徳を慕うと同時に、執権《しっけん》北条義時《よしとき》の権勢を避けるためだったとされるが、具体的な事情は詳らかではない。その後は高野山を活動拠点とし、源氏将軍家が断絶した後の貞応二年（一二二三）には、源氏三代将軍を追悼するため、高野山内に阿弥陀堂（寂静院《じゃくせいいん》）を建立した（『高野春秋《こうやしゅんじゅう》』）。そして寛喜三年（一二三一）二月二十二日、高野山にて四十六歳で死去した。

②能寛《のうかん》（初代将軍源頼朝息？）

『尊卑分脈《そんぴぶんみゃく》』や『系図纂要《けいずさんよう》』といった系図史料には頼朝子息として見え、高野山で自害したと記されている。しかし、『吾妻鏡』では能寛に該当すると思われる頼朝子息の存在は確認できない。また『仁和寺諸院家記《にんなじしょいんげき》』などの後世の編纂物には、前述の貞暁が出家当初に能寛と名乗った（その後貞暁に改名した）との記載がある。よって確証はないものの、貞暁と能寛は同一人物である可能性が考えられる。

③公暁《くぎょう》（二代将軍源頼家息）

叔父である三代将軍源実朝を殺害したことで著名な人物である。正治二年（一二〇〇）生。母は諸説あるが『吾妻鏡』によれば加茂六郎重長《かもろくろうしげなが》の娘である。父頼家が暗殺されてから約一年半後の元久二年（一二〇五）十二月二日、頼家遺児の善哉《ぜんさい》（後の公暁）は祖母政子の計らいによって、時の鶴岡八幡宮寺《つるがおかはちまんぐうじ》別当《べっとう》（寺院のトップ）尊暁《そんぎょう》のもとに入室した。その後、建暦元年（一二一一）九月に出家し、仏道修行のため上洛して寺門派の総本山園城寺《おんじょうじ》に入り、時の長吏公胤《ちょうりこういん》僧正から伝法を受けた。その後しばらくは同寺で修行に励んでいたようである。しかし、建保五年（一二一七）六月、尊暁から鶴岡八幡宮寺別当職を継いでいた定暁が死亡したため、政子の要請により鎌倉に戻り別当職に就任した。ところが公暁は別当として寺院経営を主導することはなく、宿願があると称して鶴岡八幡宮寺で一千日の参籠《さんろう》を始めてしまった。数々の祈祷を行い、髪を切ることもなかったため、人々はこれを怪しんだという。そして、建保七年（一二一九）正月二十七日、右大臣拝賀を鶴岡八幡宮寺で行っていた叔父実朝を殺害するが、公暁も三浦義村《みうらよしむら》の手によって討たれた。享年二十。

④栄実《えいじつ》（二代将軍源頼家息）

建仁元年（一二〇一）生。公暁の一歳下の弟で、童名は千手丸。母は『尊卑分脈』によれば、昌実《しょうじつ》法橋の娘。建暦三年（一二一三）二月に信濃《しなの》の御家人《ごけにん》泉親衡《いずみちかひら》を首謀者とする北条氏打倒の陰謀が露見し、加担者とされた人物が処罰される事件が発生した（泉親衡の乱）。和田義盛《わだよしもり》の乱の発端として知られる事件だが、この時親衡が大将として担いだ頼家若公が栄実にあたると考えられる。栄実は尾張中務丞《おわりなかつかさじょう》の養い君であったとされる。その後栄実は北条側に捕えられたようで、同年十一月に政子の計らいによって出家した。しかし、それから一年後の建保二年（一二一四）十一月、栄実は和田義盛の乱の残党等に再び擁立された。謀反の動きを察知した幕府は、在京武士に命じて京都の一条辺りにあった彼らの拠点を襲撃し、この時栄実も自害したとされる。この事件については、同時代の史料として九条兼実《くじょうかねざね》の弟で天台座主《てんだいざす》を四度も務めた高僧慈円《じえん》執筆の歴史書『愚管抄《ぐかんしょう》』に言及がある。それによれば、栄実は臨済宗の祖として著名な栄西《えいさい》の下で出家したが、和田義盛の乱の残党に担がれ十四歳で自害したとある。

なお、『尊卑分脈』には、建保七年（一二一九）十月六日に自害したとあるので、この記述に基づけば、建保二年段階では栄実は死んでいなかったことになる。しかし『尊卑分脈』の源氏将軍子弟に関する記述は、先ほどの貞暁と能寛の項でも見たように疑わしい点が目立ち、かつ栄実の項にも、就任した事実が他の史料から確認できない鶴岡八幡宮寺別当職就任の記述があることから、栄実はやはり建保二年（一二一四）に亡くなったものと考えるべきであろう。

④禅暁《ぜんぎょう》（二代将軍源頼家息）

生年未詳。『仁和寺日次記《にんなじひなみき》』という鎌倉初期の仁和寺僧により執筆された記録によれば、承久の乱の前年にあたる承久二年（一二二〇）四月十五日に、故頼家息の禅暁阿闍梨《あじゃり》が京都の東山辺りで誅殺されたとある。また、鎌倉中期に仁和寺第八代御室道助法親王《おむろどうじょ》の行状をまとめた『高台院御室伝《こうだいいんおむろでん》』には、その前年の建保七年（一二一九）閏二月に実朝の死を受けて後継将軍について朝廷側と協議するため上洛していた二階堂行光《にかいどうゆきみつ》が、禅暁を引き連れて鎌倉に帰還したことが記されている。入室先は不明だが、仁和寺関係の史料に集中して登場することから、仁和寺に入った可能性が考えられる。信頼度の高い史料は以上の二点だが、軍記物語の『承久兵乱記《じょうきゅうへいらんき》』には、前述の栄実と禅暁は同母の兄弟で、母は昌寛法橋《しょうかん》の娘とされる。この記述が正しければ、前述の栄実を昌実法橋の娘とする『尊卑分脈』の記述は、昌寛の誤記であったということになろう。ちなみに、昌寛法橋は頼朝の右筆《ゆうひつ》として知られる人物である。なお、『承久兵乱記』や『尊卑分脈』は禅暁の童名を善哉とするが、これは公暁の童名と同じなので、混同されている可能性が高い。

2　摂家将軍子弟僧

⑤道増《どうぞう》（四代将軍九条頼経息）

生没年、母ともに未詳。『尊卑分脈』によれば九条頼経の次男にあたるので、このとおりであれば、兄の五代将軍頼嗣《よりつぐ》が延応元年（一二三九）生、後述する弟の源恵《げんえ》が寛元二年（一二四四）生なので、一二四〇年代前半の誕生と推定される。同じく『尊卑分脈』によれば、道慶《どうきょう》僧正の弟子として寺門派僧となり、大僧正にまで昇ったとされる。しかし、彼の僧侶としての事績は未詳である。なお、師の道慶僧正は九条頼経の叔父にあたり、頼経将軍期後期に、鎌倉の仏教界で多くの祈禱活動に従事した人物である。寛元四年（一二四六）七月に頼経が鎌倉を追われた際は、道慶も随行して帰京している。道増が道慶のもとに入室したのも、頼経と道慶の深い関係によるものと思われる。

⑥源恵《げんえ》（四代将軍九条頼経息）

寛元二年（一二四四）生。母未詳。文永十一年（一二七四）に師尊家《そんけ》法印の跡を継いで下野国《しもつけ》の日光山別当に就任したことが事績の初見であり、それ以前、京・鎌倉・日光のいずれにいたのかは不詳である。源恵は日光山の別当であったが、日光にはおらず、鎌倉を活動拠点として、北条氏や将軍家の祈禱活動に従事していた。源恵の祈禱活動については、南北朝期に原型が成立した山門派青蓮院《しょうれんいん》流に関する記録をまとめた『門葉記《もんようき》』や、同じく青蓮院流に関する記録を十九世紀初頭に集大成した『華頂要略《かちょうようりゃく》』に多数記され、かつ貴族の日記など同時代史料にも記述がみられる。それらによれば、天皇に対してしか修されることがなかった大法と呼ばれる密教の秘法を宮将軍に対して修したり、病平癒祈禱で数々の要人の病を平癒させたりするなど、優れた祈禱僧として重んじられていたようである。また遅くとも永仁年間（一二九三〜一二九八）頃までには、鎌倉の勝長寿院の別当職も兼任するようになった。さらに源恵は、鎌倉のみならず京都にも活動の場を広げた。延暦寺の院家のひとつで、九条家と縁の深い本覚院《ほんがくいん》院主職を兼帯し、正応五年（一二九二）九月から翌年の三月にかけては、山門派の頂点である天台座主《てんだいざす》職に就任して、伏見天皇の護持僧も務めた。源恵は十三世紀末〜十四世紀初頭における鎌倉を代表する顕密僧であったといえるであろう。徳治二年（一三〇七）十月二十日没、享年六十四。

3　宮将軍子弟僧

⑦真覚《しんがく》（六代将軍宗尊親王息）

母は中将　源　具教《みなもとのとものり》の娘。寺門派の法脈についてまとめた『園城寺伝法血脈《おんじようじでんぽうけつみやく》』によれば、真覚は、弘安十年（一二八七）四月に幸金《こうきん》法印から灌頂を授り、このとき年は十八歳で受戒してから六年目とあることから、生年は文永七年（一二七〇）と推定される。父宗尊親王は文永三年（一二六六）に将軍職を追放されて帰京しているため、その後に誕生した子である。真覚は園城寺の有力院家である円満院《えんまんいん》に入り、早田宮と称され権僧正まで昇進したとされるが、具体的な事績は未詳である。真覚については、後年「遁世」（院主の地位を退いて隠遁生活を送った）したとする史料や（『園城寺伝法血脈』）、還俗して子供をもうけたと伝える史料（『諸門跡譜《しよもんぜきふ》』）があることから、ある時期に円満院院主の座を自ら放棄したものとみられる。

⑧仁澄《にんちよう》（七代将軍惟康親王息）

生年、母未詳。天皇家の系図である『本朝皇胤紹運録《ほんちようこういんじよううんろく》』によれば、惟康親王の長子であり、これが正しければ、場合によっては征夷大将軍《せいいたいしようぐん》に就任する可能性もあった人物といえる。前述の源恵僧正の弟子で、源恵が死去した翌年にあたる延慶元年（一三〇八）に日光山別当職と勝長寿院別当職に就任する。そして、正和五年（一三一六）六月には上京して、やはり源恵と同じく天台座主に就任したが、わずか四ヵ月で辞職した。仁澄については、京・鎌倉での祈祷実績がほとんどないにも関わらず、天台座主という山門派のトップの役職についた事実が注目される。これは、十四世紀初頭の鎌倉の山門派が非常に繁栄しており、もはや顕著な祈祷実績がなくとも、天台座主就任が可能となったことを示すものとみられる。『華頂要略』によれば文保二年（一三一八）に日光山別当を辞任しており、この前後に死去したとみられる。

⑨増恵《ぞうえ》（七代将軍惟康親王息）

母未詳。『本朝皇胤紹運録』によれば惟康親王の次男。『園城寺伝法血脈』によると、鎌倉の鶴岡八幡宮寺別当として知られる道瑜《どうゆ》僧正から灌頂を受けた。また、同史料によると、元亨元年（一三二一）六月五日に三十歳（数え年）で没したとあるから、正応五年（一二九二）生となる。父惟康親王は正応二年（一二八九）に将軍職を追われ帰京しているので、将軍辞任後に誕生した子となる。増恵は後白河上皇の菩提寺《ぼだいじ》である京都の法住寺《ほうじゅうじ》の別当職に就任したとされるが、具体的な事績は未詳である。

⑩増珍《ぞうちん》（七代将軍惟康親王子）

母未詳。生没年も未詳。『本朝皇胤紹運録』によれば惟康の四男。『園城寺伝法血脈』に記載がないため、法脈についても不詳である。『華頂要略』によると増恵の後継として法住寺別当職に就任したとされるが、具体的な事績については兄道恵同様未詳である。

⑪聖恵《しょうえ》（七代将軍惟康親王息または八代将軍久明親王息）

母未詳。『本朝皇胤紹運録』には、惟康親王の三男として聖恵が見える一方で、久明親王の次男としても聖恵の名が挙げられており、『華頂要略』などの編纂史料では、惟康親王または久明親王の子と両論併記されているものもある。中世の過去帳（死没年月日などを記録する帳簿）『常楽記《じょうらくき》』によれば、聖恵は貞和二年（一三四六）五月十一日に五十二歳で亡くなったとされるので、逆算すると永仁三年（一二九五）生である。この時点での惟康親王の年齢は三十二歳、久明親王は二十歳なのでどちらの可能性もあるが、久明親王の子であった場合、九代将軍守邦は正安三年（一三〇一）の生まれなので、守邦の兄（側室の子か）にあたることになる。聖恵は前述の仁澄と、仁澄の後任として日光山・勝長寿院別当職を継承した道潤《どうじゅん》の弟子として、両職および延暦寺院家の本覚院院主職を継承した。聖恵以後この三職を一人の人物が兼帯することが常態化する。聖恵は、鎌倉幕府最末期の元徳～正慶年間（一三二九～一三三三）にかけて、政情不安の中、得宗北条高時《たかとき》の邸宅などで天下無為のための祈禱活動に従事していた。北条氏への祈禱活動を盛んに行った聖恵だが、幕府滅亡後も失脚することなく、京に活動拠点を移して、初期室町幕府の武家祈禱僧として中核的な役割を果たした。また、暦応元年（一三三八）十二月には天台座主にも就任している。

⑫守恵《しゆえ》（九代将軍守邦親王息）

母、生年未詳。史料から確認される限り唯一の守邦親王の息であるため、守邦親王の後継として十代将軍になることが予定されていた人物である可能性があり、幕府滅亡前後の動向が非常に気になるが、残念ながら未詳である。聖恵が死亡した際に、その遺跡《ゆいせき》（所有権益・財産等）は宮禅師に譲られたとされるが（『賢俊《けんしゆん》僧正《そうじよう》日記《につき》』）、この宮禅師が守恵にあたる可能性が高い。また宮禅師は若年であるため、聖恵から灌頂を授けられておらず、同じ山門派の澄助《ちようじよ》僧正がその後見役になったとされることから、貞和二年（一三四六）時点では若年とみられ、そこから推定すると誕生は、鎌倉幕府滅亡の直前期と考えられる。その後の守恵の動向は判然としない点が多いが、近衛《このえ》道嗣《みちつぐ》の日記『後深心院関白記《ごしんじんいんかんぱくき》』貞治六年（一三六七）十二月二十九日条には、勝長寿院の門主である守恵僧正は鎌倉に在りと記されていることから、聖恵とは異なり、室町幕府ではなく鎌倉で鎌倉府の祈祷活動に従事したものとみられる。また南北朝期の鎌倉で活躍した僧侶頼印《らいいん》についての伝記史料である『頼印大僧正《らいいんだいそうじよう》行状《ぎようじよう》絵詞《えことば》』において、守恵は「御祈祷奉行」と記され、頼印を時の鎌倉公方足利氏満《あしかがうじみつ》の護持僧に推挙するなど、鎌倉府の祈祷体制において中核的な役割を担っていたことが示唆される。また、鶴岡八幡宮寺別当と勝長寿院別当は関東護持の宿老であるとの記述も見られる。守恵は永和四年（一三七八）二月九日に没したとされ（『華頂要略』）、守恵の死によって宮将軍家の血筋は絶えたものと思われる。

二　源氏将軍子弟僧と摂家・宮将軍子弟僧の共通点と相違点

1　共通点

現存する系図類や史料からは以上の十一名の将軍子弟僧が確認できる（貞暁と能寛は同一人物と推定）。次に、前節の内容を踏まえて将軍子弟僧にどのような傾向や特徴が見えるのかを検討していきたい。

まず将軍子弟僧すべてに共通しているのは、その入室先の寺院や師となる僧侶が、天台宗・真言宗、つまりは顕密系に限定されていることである。これは禅宗寺院にも入室することがあった北条氏子弟僧や足利将軍家子弟僧とは異なる特徴である。しかし、源氏将軍家子弟僧の時代にはまだ禅宗は十分に発展しておらず、摂家・宮将軍子弟僧に関しても、当時の皇族・摂家が禅宗に比べて顕密諸宗と各段に深い関係にあったことを踏まえれば、これは当然の選択であったと思われる。なお、栄実の師である栄西は臨済宗の祖であるが、顕密僧としての事績も顕著であり、頼朝が奥州合戦の戦没者を追悼するために建立した顕密寺院である鎌倉二階堂永福寺《ようふくじ》の別当なども務めていることを付記しておく。

2　相違点

次に源氏将軍子弟僧に当てはまる特徴として、非業の死を遂げている人物が多い点があげられる。唯一天寿を全うできたのは頼朝庶子貞暁であるが、貞暁が仁和寺を去り高野山に入ったのは、北条義時の権勢を避けるためだったとの記述が見え、また『伝灯広録《でんとうこうろく》』という江戸時代に編纂された高僧の伝記史料には、建保七年（一二一九）に実朝が公暁に暗殺されたため、政子から将軍への就任を要請された際、貞暁は目を潰してそれを拒絶したと記される。これらの記述の真偽は不明だが、貞暁が政争に巻き込まれることに対する忌避感を強く抱いていた一方で、そうした貞暁の思いとは裏腹に頼朝の実子としてその動向が常に注視される存在であったことが示唆されよう。貞暁も一歩でも対応を誤れば、頼家子弟と同様の運命をたどっていた可能性も十分に考えられる。

これら源氏将軍子弟僧とは対照的に、摂家・宮将軍子弟僧に誅殺されたものは見られない。これが、源氏将軍子弟僧と摂家・宮将軍子弟僧の相違点として注目される。前述のように、一部の摂家・宮将軍子弟僧は、鎌倉を活動拠点としながら天台座主にも就任するなど、鎌倉顕密仏教界を代表する宗教的権威として存在感を発揮していた。しかし彼らは、源氏将軍子弟僧のように現体制に不満を持つ勢力の棟《とう》梁《りょう》として担がれることはなかったし、棟梁になりうる存在として、幕府（北条氏）から警戒を受けていた形跡も見受けられない。

この違いは何によるのか。明快な答えを出すことは難しいが、ここで注目したい事実がある。摂家・宮将軍子弟僧が活躍した得宗専制体制期は、鎌倉幕府初期の頃に劣らず武力衝突を伴う内紛がたびたび発生していたにもかかわらず、少なくとも史料上は将軍自体が反得宗の棟梁として担ぎ出されることはなかったことである。宮将軍の権威化には、むしろ得宗側の方が自身の「御後見」の立場を正当化するために積極的であったと考えられる。このことから推察すると、得宗の意のままに操られる宮将軍は、反得宗勢力にとって担ぐべき存在とはならなかったのではなかろうか。成人した将軍が自立の意志を持つ前に、適当なタイミングで将軍職を交代させていた北条氏の政策が、有効に機能していたということができよう。将軍ですら反得宗の棟梁に担がれることがなかった以上、摂家・宮将軍子弟僧がその対象とは見做されなかったのは当然である。より根本的に考えれば、征夷大将軍という地位に就任する前から、内乱を制して自力で武家の棟梁としての地位を獲得していた源頼朝の血統に属する者と、本来は武家ではなく、征夷大将軍（鎌倉殿《かまくらどの》）という地位に迎えられることによって初めて武家の棟梁となりえた摂家・宮将軍の血統に属する者の差ともいえよう。すなわち、前者はたとえ僧籍に入っていようとも、武家の棟梁である頼朝の血を引くものとして、自ずと反体制側の棟梁に擁立されうる存在であった。対して、征夷大将軍という地位を媒介にしてのみ武家の棟梁たりえ、かつ北条氏によって将軍職を追われた後は武家はおろか公家社会においても影響力を発揮できなかった後者は、将軍職在任中、もしくは頼経のように辞任直後ならば反体制側の棟梁として担がれうる可能性はあっても、将軍職という地位につていない摂家・宮将軍の子弟については、武家の棟梁として担がれるべき存在とはそもそも認識されていなかったのではなかろうか。言いかえれば、源氏将軍の武家の棟梁としての地位・権威はその血筋に由来するが、摂家・宮将軍の武家の棟梁としての地位・権威は、征夷大将軍という地位・職に由来しており、それが子弟僧の命運にも大きな影響を与えたのではないかと考える。

三　摂家・宮将軍子弟僧と鎌倉後期の幕府の宗教政策

1　摂家・宮将軍子弟僧の二つの系統

次に摂家・宮将軍子弟の特徴について、より詳細に考えてみたい。摂家・宮将軍子弟僧八名は全員天台僧となったが、その中で天台宗寺門派僧となった者（道増・真覚・増恵・増珍）と、天台宗山門派僧となった者（源恵・仁澄・聖恵・守恵）に大別される。寺門派僧となった者の内、道増の入室先は不明だが、真覚は円満院、増恵・増珍は法住寺といずれも畿内寺院に入室している。これに対し、山門派僧の四人は皆共通の寺院に入室している。それが鎌倉の勝長寿院であり、さらに全員下野国の日光山別当職も兼帯している。すなわち、山門派僧となった将軍子弟は、東国を活動拠点としていたのである。さらに、寺門派僧となった将軍子弟は、然るべき院家の院主となってはいるものの、祈祷活動など僧侶としての事績は未詳な者がほとんどである。対して山門派僧となった将軍子弟僧は、短期間ではあるが山門派の頂点である天台座主職に就任経験があり、武家政権の祈祷活動で名声を博した人物が多い。この点も興味深い相違として注目される。山門派には『門葉記』や『華頂要略』といった膨大な編纂史料があるため、山門派僧の事績の方が後世に伝わりやすかったのではないかという史料的制約に留意は必要だが、寺門派でも優れた事績を残した僧に関しては『三井続燈記《みいぞくとうき》』などといった史料に伝記記事が存在するため、やはり、寺門派僧となった将軍子弟僧の事績は、山門派僧となった将軍子弟僧に比べて乏しいものであったと思われる。

以上から、摂家・宮将軍子弟僧というだけでは、全員が顕密仏教界の要職につき、顕著な事績を残せるわけではなかったことが示唆される。それでは、顕著な事績を残した東国を活動拠点とした摂家・宮将軍子弟僧の栄達を支えたものとは一体何なのか。

2　北条氏子弟僧と摂家・宮将軍子弟僧

この点を考察するため、まず鎌倉後期（十三世紀後半）の顕密仏教界の状況について確認しておきたい。鎌倉後期の顕密仏教界では、鎌倉を活動拠点として幕府の祈祷活動などに従事する僧侶達が、天台座主、園城寺長吏、東寺《とうじ》長者《ちようじや》といった畿内大寺院のトップの地位に就任することがしばしばあった。この背景としては、幕府による畿内大寺院への統制策として幕府の主導性を重視する見解と、幕府は寺院への人事介入には消極的で、顕職への就任を望む僧侶が幕府の権威を利用しようとしたに過ぎないとの見解がある。明確な結論は出ていないが、東国を活動拠点とする僧侶が当時の顕密仏教界で大きな存在感を示していたことは疑いない。

その中でも幕府の最高権力者である北条氏子弟僧の躍進は目覚ましいものがあるが、北条氏子弟僧にも、ある際立った特徴があることが明らかにされている。すなわち、東密派、寺門派、山門派の顕密三派の中で、なぜか山門派のみ北条氏子弟僧の数が極めて少ないのである。それとは対照的に、摂家・宮将軍子弟僧の半数は山門派僧となり、かつ天台座主も輩出している。北条氏子弟僧の山門派進出を鈍らせた要因は、山門派の特殊な事情に基づくものと思われる。実は、東寺長者職や園城寺長吏職には、それほど出身家の家格が高くなくても就任することが可能で、実際に北条氏子弟僧も就任している。しかし、山門派のトップである天台座主職就任者は、慣例として最低でも一族に三位以上の官位すなわち公卿《くぎょう》となっている人物がいる家の出の者に限られていた。北条氏は得宗家でも従四位止まりであったため家格的に不適であり、実際に北条氏からは天台座主は輩出されなかった。身分的制約が寺門派・東密派以上に大きいことが、北条氏子弟僧の山門派進出を鈍らせたものと思われる。

この北条氏子弟僧の抱える身分的弱点を補う格好の存在が摂家・宮将軍子弟僧であった。すなわち、皇族・摂家という最上位身分の出身である将軍子弟僧に、山門派と幕府を結ぶ存在としての価値が見出されたのではなかろうか。もちろん摂家・宮将軍子弟僧以外にも、鎌倉で活動した天台座主になる貴種性を備えた貴族出身僧は多数いたが、摂家・宮将軍子弟僧は彼らと異なり僧としてのキャリアを畿内ではなく東国でスタートさせている点で、東国（幕府）との関係がより強いのが特色であり、それゆえ幕府からも重用されたのであろう。

3　平頼綱と源恵

この点に関する補足として、将軍子弟僧として初めて天台座主となった源恵の、座主就任の経緯について触れておきたい。源恵は正応五年（一二九二）九月に座主に就任するが、幕府に仕える僧侶達の要職就任が顕著になるのは、一二八〇年代の後半からであった。そしてこの時の幕府の実権を握っていたのが、「万人恐懼」と恐れられた得宗被官（御内人《みうちびと》）のトップ平頼綱《たいらのよりつな》であった。頼綱が覇権を確立した霜月騒動において源恵が頼綱のもとで祈祷活動を行うなど、両者は密接な関係にあった。また、頼綱は禅空《ぜんくう》という律僧を通じて朝廷政治に介入し、人事や訴訟を意のままに行っていたとされる。よって、幕府に仕える僧侶達の相次ぐ畿内寺院への要職への就任も、頼綱政権期においては、幕府による大寺社統制策として位置づけられるであろう。特に、正応五年は畿内の大寺社で強訴《ごうそ》が相次いで発生し、延暦寺では座主が半年以上も空位になるという異常事態に陥っていた（『伏見天皇宸記《ふしみてんのうしんき》』）。源恵の天台座主就任時に幕府から使節が上洛していることからしても、源恵の座主就任に幕府が積極的に関与していた可能性は高い。頼綱は寺社強訴による公家・寺家の動揺を利用して、自身と親密な源恵を天台座主に就任させることで、畿内寺院への介入の強化を図ったのではなかろうか。

しかし、頼綱の天下は長くは続かず、源恵が天台座主を辞した翌月の永仁元年（一二九三）四月に執権北条貞時によって滅ぼされた。源恵も頼綱の死を聞き、京から鎌倉に戻ったとみられる（『実躬卿記《さねみきょうき》』）。頼綱の政策は死後否定されたものが多いが、頼綱政権期に強力に推進された、幕府に仕える僧達の畿内寺社の要職就任の慣行は継続された。この慣行はその後も、時に幕府が積極的に寺社を統制するために、また時には僧たちが幕府の後援のもとに栄達を目指すために利用されたのではなかろうか。

4　摂家・宮将軍子弟僧と鎌倉幕府

以上から、一部の将軍子弟僧が栄達を手にすることができた理由は、鎌倉にある幕府管轄下の寺院

（勝長寿院）の院主となり、幕府（将軍、北条氏）への祈祷活動に従事することで、幕府からのバックアップを得ることができた点によると思われる。逆に、畿内を活動拠点とした将軍子弟僧達は、幕府からのバックアップを得られず、顕著な事績を残すには至らなかったのだろう。顕密仏教界における僧の栄達には、自身の資質と並んで、実家の家格とその権勢も重要な要素となるが、将軍子弟僧の父である摂家・宮将軍の場合、将軍職から追放され京に戻った後は、その事績すらほとんど知られないなど、社会的地位・政治的影響力は脆弱であった。それを考えれば、幕府のバックアップの有無は将軍子弟僧の命運を左右するのに大きな役割を果たしたものと言える。将軍子弟間でどのような線引きがあったかは判然としないが、寺門派僧となった三名の宮将軍子弟僧はすべて、将軍が京に追放された後に誕生した子であるから、逆に将軍として鎌倉にいる間に誕生した子弟が、将来の勝長寿院門跡として選定された可能性が考えられる。いずれにしろ、摂家・宮将軍子弟僧は、幕府あってこその存在なのであり、この点からも摂家・宮将軍子弟僧が、自ら先頭に立って幕府に反旗を翻す存在たりえなかったことがわかるであろう。

四　勝長寿院と将軍子弟僧

最後に、摂家・宮将軍子弟が相次いで入室した鎌倉の勝長寿院（現在は廃寺）について検討したい。勝長寿院は、文治元年（一一八五）に源頼朝が父義朝《よしとも》の菩提を弔うために創建した寺院で、その後暗殺された三代将軍実朝、さらには晩年勝長寿院を居所とした北条政子も葬られた、まさに源氏将軍家の菩提寺というべき存在であった。勝長寿院は、同じく頼朝によって創建された鶴岡八幡宮寺、永福寺と並んで鎌倉の三大寺院として重要視され、幾度かの修造を経て、十五世紀半ば、東国の戦国時代の始まりを告げる享徳《きょうとく》の乱の頃まで存続した。勝長寿院のトップである別当には、前述のように摂家・宮将軍子弟の入室が相次いだため、別当の身分の高さは東国随一であった。

なぜ数ある鎌倉の寺院の中で、摂家・宮将軍子弟の入室は勝長寿院に限られたのか。この問いに対しては、鎌倉中期（一二二〇年代）以降、勝長寿院の別当職は山門派僧に継承されており、勝長寿院が鎌倉の山門派の拠点寺院となっていたから、というのが一応の回答として考えられる。しかし鎌倉を活動拠点とした将軍子弟僧が、互いに師弟関係を形成して勝長寿院別当職を継承している事実は、将軍子弟僧と勝長寿院の関係が非常に深いものであったことを思わせる。筆者は、源氏将軍家の菩提寺という勝長寿院の性格、また冒頭で述べたように、源氏・摂家・宮将軍家と分断される鎌倉将軍家に何とか一貫性を持たせようと幕府が苦心していた点に鑑みるとき、摂家・宮将軍子弟僧の相次ぐ勝長寿院入室には、より積極的な意味づけが可能なのではないかと考える。すなわち、源氏将軍家の氏寺的存在の勝長寿院の別当職を摂家・宮将軍子弟僧が継承し、源氏将軍家の菩提を弔うことは、源氏将軍家と摂家・宮将軍家を結び付け、鎌倉将軍家の継続性・一貫性を演出するのに一定の役割を果たしていたのではなかろうか。

おわりに

以上、鎌倉将軍子弟僧について分析を加えることで、鎌倉将軍家について宗教史的な観点から考察した。改めてまとめることはしないが、それに代えて最後に、本章の内容にかかわる鎌倉幕府と江戸幕府の宗教体制に関する興味深い共通点を紹介したい。

江戸時代に下野国の日光山に徳川家康《とくがわいえやす》が葬られ、日光が徳川将軍家の聖地となったことは著名であるが、江戸時代の日光山の別当は、皇族から輩出され輪王寺宮《りんのうじのみや》と呼ばれていた。しかし、輪王寺宮は日光には常駐せず江戸に居住し、かつ徳川将軍家の菩提寺上野寛永寺《かんえいじ》の別当職を兼帯し、時に天台座主職も兼帯することがあった。実はこの体制は、これまで見てきた鎌倉後期の摂家・宮将軍子弟僧によって築かれた体制と非常に類似している。すなわち、摂家・宮将軍子弟僧も日光山別当職の座にありながら日光にはおらず、武家政権の所在地鎌倉にあって、将軍家の菩提寺勝長寿院の別当職を兼帯し、やはり時に天台座主職も兼帯することがあった。この一致は偶然にしては出来すぎているのではあるまいか。初期徳川政権の首脳部は鎌倉幕府の政治体制にも通暁していたといわれるが、上記の類似性もその影響なのかもしれない。鎌倉将軍子弟僧は、後代の宗教体制の策定にも影響を与えた存在だったといえよう。

〔参考文献〕

海老名尚「鎌倉幕府の顕密寺院政策」（『北海道教育大学紀要　人文科学・社会科学編』六一―二号、二〇一一年）
小池勝也「『吾妻鏡』以後の鎌倉勝長寿院と東国武家政権」（『千葉史学』六五号、二〇一四年）
坂井孝一『源実朝』（講談社、二〇一四年）
平雅行「鎌倉仏教論」（『岩波講座日本通史』八巻、岩波書店、一九九四年）
平雅行「鎌倉山門派の成立と展開」（『大阪大学大学院文学研究科紀要』四〇号、二〇〇〇年）
平雅行「鎌倉寺門派の成立と展開」（『大阪大学大学院文学研究科紀要』四九号、二〇〇九年）
日本史史料研究会監修・細川重男編『鎌倉将軍・執権・連署列伝』（吉川弘文館、二〇一五年）
細川重男『北条氏と鎌倉幕府』（講談社、二〇一一年）
森幸夫「平頼綱と公家政権」（『三浦古文化』五四号、一九九四年）
大和典子「鎌倉法印貞暁考」（『政治経済史学』四四四号、二〇〇三年）

執権と連署

称名寺

鎌倉幕府連署制の成立と展開

久保田和彦

はじめに

鎌倉幕府の職名である「連署《れんしょ》」に関する『国史大辞典』の記事を引用する。

> 元来は文書に連名で署判することをいうが、執権《しっけん》を助けて政務を行い、執権とともに幕府発給の文書に署判する職を連署と呼ぶようになった。執権と合せて、両執権、両執事《しつじ》、両後見、両探題《たんだい》などといったが、執権と連署の権限は同等ではなく、連署は執権の補佐役であった。『吾妻鏡《あずまかがみ》』元仁元年（一二二四）六月二十八日条に、執権北条義時《ほうじょうよしとき》の没後、北条政子《まさこ》が北条泰時《やすとき》・時房《ときふさ》に「軍営御後見」を命じたとあり、従来は、これが泰時・時房の執権・連署就任、連署の初設を意味する記事とされてきた。しかし、実は翌嘉禄元年（一二二五）政子の没後、執権泰時が時房を任じたのが連署の最初である。連署は北条氏一門の有力者が就任し、中にはのちに執権に昇進した者もいる。

この説明を読んで、疑問に思うことがある。連署の初設を意味する『吾妻鏡』元仁元年六月二十八日条の記事がなぜ否定され、北条時房の連署就任が約一年後の翌嘉禄元年七月以降（北条政子の死没は同年七月十一日）となるのか、である。『国史大辞典』「連署」の筆者であり、連署研究の定説となる「連署制の成立」を一九五九年に発表された上横手雅敬《うわよこてまさたか》氏によると、その理由は二つある。

一つは、貞応三年（元仁元年は十一月二十日に改元）七月十三日〜嘉禄元年六月十五日までの約一年間、北条時房は在京し、六波羅探題《ろくはらたんだい》であった。よって、時房がこの時期に鎌倉で活動している『吾妻鏡』の記事は疑問である。

二つは、貞応三年九月七日〜嘉禄元年四月二日まで執権は泰時のみで、時房は連署ではない。その根拠は、この時期の関東下知状《かんとうげちじょう》等は泰時の署判のみで、時房の連署は見えないからである。

この二つの理由から、連署の初設を示す『吾妻鏡』の記事は偽作とされ、北条時房の連署就任は、嘉禄元年六月に大江広元《おおえのひろもと》が、七月に政子が相次いで世を去るに及び、泰時が一族和合の立場から、自己の顧問役として、承久《じょうきゅう》の乱以来苦楽を共にする叔父の時房を起用し、複数執権制を発足せしめた、と説明する。上横手説はその後の研究に大きな影響を与え、ゆるぎない定説となっているが、発表から半世紀以上を経過し、鎌倉時代の政治史研究も格段に深化した現在、その再検討を試みてもよいと考える。

筆者は、最初の六波羅探題かつ連署である北条時房に関して何度か検討を試みたことがある。細川重男編『鎌倉将軍・執権・連署列伝』が刊行され、その付録として執権・連署の情報を整理した「鎌倉幕府執権・連署　経歴表」が掲載された。「経歴表」の成果を踏まえ、連署十三代・十四名（再任一名、政村）の就任・辞任・出家・転執権の年月日、前職および主な出来事を「鎌倉幕府執権・連署歴代一覧」

【別表1】（章末参照）としてまとめた。【別表1】を参考に、鎌倉幕府「連署」制の成立およびその展開について再検討してみたい。

一　貞応三年六月〜嘉禄元年七月における北条時房の活動場所

上横手説の第一の理由を再検討する。

貞応三年七月十三日〜嘉禄元年六月十五日までの約一年間、北条時房は在京し、六波羅探題であった。よって、時房がこの時期に鎌倉で活動している『吾妻鏡』の記事は疑問である。

貞応三年七月十三日に時房の在京を示す根拠とされた史料は、『紀伊崎山文書』所収の年未詳七月十三日北条泰時書状案（『鎌倉遺文』一八〇四号）である。北条泰時が紀伊《き い》国御家人《ごけにん》湯浅宗弘《ゆあさむねひろ》にあてた書状で、文中に「さかみ殿御上洛候上、太郎冠者も候へは」とある「さかみ殿」を時房、「太郎冠者」を時《とき》氏《うじ》とし、①書状の日付七月十三日は時房・時氏がともに上洛《じょうらく》している時である。②『明月記《めいげつき》』嘉禄元年六月十五日条に「相州（時房）暁更に下向」とあるので、時房が在京していたのは同年六月十五日までである。③嘉禄元年七月十三日に時房は鎌倉にいるので、この書状の年代を嘉禄元年とすることはできない。④書状の年代を貞応三年に比定すると、『吾妻鏡』の記事は作為で、時房は貞応三年七月以降在京しており、同年六月二十八日には連署の地位につかず、彼が連署の地位についたのは嘉禄元年六月十五日以後となる。⑤時房は貞応三年七月頃、時盛・時氏の跡を追って上洛し、嘉禄元年六月十五日まで約一年間在京した、ということになる。
『紀伊崎山文書』には、年未詳七月十三日北条泰時書状案と関連する年未詳七月十二日三浦義村書状案（『鎌倉遺文』五五〇四号）がある。結論から言うと、この二通はともに承久の乱（一二二一）直後のもので、湯浅宗弘は幕府軍の勝利がすでに決した六月二十三日、三浦義村《みうらよしむら》宛に書状を出し、七月十二日に京都にいる義村のもとに届いた。義村は宗弘の態度を神妙とし、幕府軍の総大将北条泰時の見参に入れることを約束している。義村はその日のうちに返信を書き、宗弘の事を泰時に伝えた。義村の報告を受けて、翌日宗弘宛に発給したのが年未詳七月十三日北条泰時書状である。

　年未詳七月十三日北条泰時書状案以外に、時房が在京し、六波羅探題であった証とされる史料は、元仁二年（嘉禄元年は四月二十日に改元）四月五日六波羅下知状（金剛寺文書《こんごうじもんじょ》、『鎌倉遺文』三三六四号）、嘉禄元年五月二日関東御教書（春日神社《かすがじんじゃ》文書、『鎌倉遺文』三三六九号）、嘉禄元年五月三日六波羅下知状（東大寺《とうだいじ》文書、『鎌倉遺文』三三七六号）の三通である。しかし、この三通は、元仁二年（嘉禄元年）四月および五月における時房在京を示すものでしかない。

　【別表2】（章末参照）は、貞応三年六月～嘉禄元年七月まで、約一年間の『吾妻鏡』『明月記』における北条時房に関する記事である。【別表2】を見ると、北条時房は、貞応三年六月二十六日京都から鎌倉に帰着（№1）、二十八日北条政子の命令で、泰時とともに「軍営御後見」に任命され（№2）、二十九日泰時と相談し、長男時盛《ときもり》と泰時の長男時氏を洛中警衛のため上洛させ（№3）、閏七月一日伊賀《いが》氏の変を未然に防ぐため、政子・泰時とともに三寅《みとら》を擁して、三浦義村をはじめとする有力御家人に協力を呼びかける（№4）、三日政子と伊賀氏の変の事後処理を相談（№5）、二十八日本宅に帰る（№6）、八月一日初めて政所《まんどころ》に出仕（№7）、九月十五日鶴岡放生会《つるがおかほうじょうえ》に際し、三寅の奉幣《ほうべい》の使者を務める（№8）、十六日鶴岡流鏑馬《やぶさめ》神事のため参宮（№9）、十月二十八日阿波《あわ》国麻植保《おえのほ》をめぐる預所《あずかりどころ》と地頭《じとう》の相《そう》論《ろん》を泰時とともに御前裁許（№10）、元仁二年正月一日垸飯《おうばん》献上（№11）。以上のように、『吾妻鏡』には、貞応三年六月二十八日に「軍営御後見」に任命されて以来、時房は一貫して鎌倉に滞在して活動しているように記録されている。時房が在京して約一年間も六波羅探題の地位にあるならば、これらの『吾妻鏡』の記事はすべて作為と断じるしかない。

確かに、【別表2】の中で、嘉禄元年六月十三日北条義時一周忌にあたり、泰時が造営した釈迦堂の供養に時房が参加していること（№14）は、同日に時房が在京していることが明らかな『明月記』嘉禄元年六月十三日条（№13）の記事と明らかに矛盾する。しかし、『吾妻鏡』嘉禄元年六月十三日条の記事一つの誤りによって、その他貞応三年六月二十六日～元仁二年正月一日までの約半年間の時房に関する『吾妻鏡』の記事すべてを作為と断じることができるだろうか。【別表2】から読み取れることは、嘉禄元年六月六日～十五日における時房の在京であって、貞応三年六月～嘉禄元年七月まで約一年間の時房の在京、六波羅探題としての活動ではない。

以上、貞応三年六月～嘉禄元年七月における北条時房の活動場所を検討した結果、貞応三年六月二十八日～元仁二年元日までの約半年間は、時房は鎌倉で活動しており、元仁二年元日以降、四月までの時期に、何らかの理由で時房は上洛した、という結論を得た。『吾妻鏡』貞応三年六月二十八日条の北条政子による「軍営御後見（のちの連署）」任命の記事も、貞応三年六月二十八日～元仁二年元日までの約半年間の時房の鎌倉における活動の記事も、すべて作為とする必要はないのである。

二　幕府発給文書における北条泰時単署について

上横手説の第二の理由を再検討する。

貞応三年九月七日～嘉禄元年四月二日まで執権は泰時のみで、時房は連署ではない。その根拠は、この時期の関東下知状等は泰時の署判のみで、時房の連署は見えないからである。

北条泰時・時房連署の発給文書の初見は、嘉禄元年十一月十九日である。貞応三年六月～嘉禄元年七月における幕府文書は、確かにすべてが北条泰時単署で発給されている。しかし、貞応三年六月二十八日に、泰時・時房が北条政子より任じられた職名は「連署」ではなく、「軍営御後見」であり、連署の名称は、『吾妻鏡』では、二十三年後の宝治元年（一二四七）七月二十七日条に「将軍家別当連署」とあるのが初見である。

承久元年（一二一九）正月二十八日に三代将軍源《みなもとの》実朝《さねとも》が甥の公暁《くぎょう》に暗殺されて以来、北条義時が死去する貞応三年まで、幕府発給の下文《くだしぶみ》様式の文書はすべて執権北条義時単独署判の関東下知状である。貞応三年九月七日の執権泰時単独署判の初見である関東下知状が、義時単独署判の関東下知状を継承していることは明らかである。

また、六波羅探題時代の泰時・時房発給文書は、単署の発給文書が多数（六十四通の中二十二通）見られ、これらは単なる私的連絡だけでなく、当該国に対する指示・命令の機能を果たす下文様式の文書にも見られた。複数探題や複数執権は、その成立当初から発給文書に連署することは自明ではなかったのである。

『醍醐寺文書《だいごじ》』所収の建保四年（一二一六）二月十五日関東下知状案（『鎌倉遺文』二二一〇号）は、権律師継尊に伊勢《いせ》国大橋御園〈一名棚橋〉地頭職（〈　〉は割書）の領知を認めた北条義時・大江広元連署の下知状である。義時・広元連署の下知状の出現を高く評価し、別当《べっとう》九人連署の政所下文が出現したのも建保四年四月のことであることから、建保三・四年の交、広元の地位に何らかの変化があり、義時・広元連署の下知状の出現を勘合すると、この時期、幕府の指導体制が新段階に入り、それは義時・広元両執権体制の成立を意味する、そして、義時・広元両執権体制の成立は、執権・連署制の起源の時点であった、という説がある（杉橋隆夫、一九八〇年）。

しかし、建保四年二月発給の北条義時・大江広元連署下知状の前後の時期に、建保元年十二月二十九日関東下知状案（大善寺文書、『鎌倉遺文』二〇七五号）と建保五年七月二十四日関東御教書《かんとうみぎょうしょ》（宗像神社文書、『鎌倉遺文』二三二五号）が発給されている。前者は、甲斐《かい》国柏尾山《かしおやま》四至内への乱入狼藉禁止を命じた政所令清原清定《きよはらのきよさだ》・安主菅野景盛連署の下知状であり、後者は、宗像神社大宮司を氏国に安堵したことを伝達した政所別当二階堂行光《にかいどうゆきみつ》・令清原清定連署の御教書である。二通とも「鎌倉殿仰」を受けて発給された関東下知状・御教書の様式を備え、その機能は北条義時・大江広元連署下知状と同様である。

すなわち、この時期の幕府発給文書（関東下知状・関東御教書）の署判者は、事例によってさまざまで一定しておらず、鎌倉中期以降のように、幕府発給文書に執権・連署両名が署判することが当然という様式は未成立であったと考えられる。

したがって、建保四年二月十五日発給の北条義時・大江広元連署の下知状の出現によって義時・広元両執権体制の成立＝執権・連署制の起源と考えることはできず、また、貞応三年六月〜嘉禄元年七月における幕府発給文書が執権泰時単署であることが、時房の鎌倉不在、あるいは時房の「軍営御後見（のちの連署）」就任を否定する根拠にはならないと考える。

三　北条時房と泰時の関係

北条泰時は二代執権義時の長男として寿永二年（一一八三）に生まれた。建保元年（一二一三）に将軍実朝の学問所番《がくもんじょばん》、同四年三月に式部丞《しきぶのじょう》、十二月に従五位下、同七年正月に従五位上・駿河守《するがのかみ》、十一月には武蔵守《むさしのかみ》に任じられる。承久の乱勃発時には三十九歳である。一方、北条時房は安元元年（一一七五）に北条時政《ときまさ》の三男として生まれ、元久二年（一二〇五）八月に従五位下・遠江守《とおとうみのかみ》、九月駿河守に転任、承元元年（一二〇七）正月には武蔵守に任じられ、同五年十二月相模守《さがみのかみ》に転任。翌六年十月に従五位上に任じられ、承久三年には四十七歳であった。

幕府内における地位を比較すると、時房は承元三年以来政所別当として常に政所下文に署判しており、泰時は実朝期の政所下文には一度も署判していない。鎌倉時代の基本史料である『吾妻鏡』の編纂された時期が、泰時の子孫である得宗家《とくそうけ》の専制がすでに確立した鎌倉後期である事は周知の事である。その泰時を美化した伝承を多く伝える『吾妻鏡』でさえ、泰時・時房両名を連記する場合には必ず時房が上位に置かれているのである。

時房・泰時期の関東→六波羅宛の発給文書を調べてみると、すべて時房・泰時単独に宛てられ、しかも貞応二（一二二三）年七月までは一通を除き時房宛である。六波羅探題成立以来、幕府の指示・命令が両探題宛でなく主に時房単独に宛てられた事実は、少なくとも貞応二年七月までは、南方の北条時房が「執権探題」であった事を示しているのではないだろうか。興福寺《こうふくじ》・東大寺別当など権門《けんもん》宛の書状が時房単署で発給された事も公武交渉の直接の当事者としての時房の役割を示している。

「執権・連署では、執権のほうが上位である。執権の連署に対する優位は、それぞれの職掌の性格の差ではなく、家督《かとく》家と庶子という北条一門の族的結合に由来している。」という、執権・連署に上下関係をみる最大の根拠は、連署北条時房は、嘉禄元年（一二二五）七月の政子の没後、執権泰時によって任じられたとする理解である。任じる側の人物は、任じられる側の人物より上位とみることは至極当然であるからである。しかし、定説の根拠となる上横手氏の二つの理由はいずれも否定することが可能である。

また『吾妻鏡』には、時房と泰時の関係を示す二つのエピソードがある。一つは、相州《そうしゅう》（時房）は当時何事にも武州《ぶしゅう》（泰時）の命令に従ったというエピソード（貞応三年六月二十九日条）、もう一つは、泰時の病が篤いと聞いて、時房は泰時の仁恵に対する絶対の忠誠を誓ったというエピソードである（延応元年四月二十五日条）。しかし、この二つのエピソードによって、「執権・連署では、執権のほうが上位」「執権の連署に対する優位」を示す根拠にはならないと思う。

鎌倉幕府の重要な儀式の一つに年始の垸飯がある。元日より数日にわたり、北条氏以下の有力な御家人が将軍に太刀・名馬・弓矢とともに食事を奉る儀式である。特に元日から三日までの垸飯は、鎌倉幕府内の序列を意味した。義時の死後、元日の垸飯は、嘉禄二年・安貞元年の二年間を泰時がつとめた以外、一貫して北条時房であった。

北条時房は、嘉禄元年七月二十三日、「京兆（義時）御旧跡」で「二品（政子）御居所」であった義時大倉亭に移住した。義時大倉亭は二階堂大路に東側で面する場所に位置し、この邸宅には後に四代将軍九条頼経《くじょうよりつね》となる三寅が住んでいた。義時と政子が住み、三寅が居住する義時大倉亭を継承したのは三代執権泰時ではなく時房であった。一方、泰時は若宮大路《わかみやおおじ》小町亭に居住し、同年十二月二十日に泰時小町亭の近くである宇都宮辻子《うつのみやずし》に幕府を移転する。この前後に時房も旧義時小町亭（現在の宝戒寺《ほうかいじ》一帯）に移住し、幕府・北条氏の拠点は大倉から小町へと移動した。時房小町亭は、後に得宗亭として継承される。

若宮大路の泰時小町亭は、泰時の孫の得宗経時《つねとき》へと継承されるが、経時早世後に若宮大路小町亭に移り住んだのは、宝治元年七月十七日に六波羅探題の任を終えて鎌倉にもどった重時《しげとき》であった。その四ヵ月後に重時亭は新造されるが、そこには幕府評定所《ひょうじょうしょ》や小侍所《こざむらいどころ》が設置された。連署重時の邸宅に鎌倉幕府の中枢機関が設置されたのである。北条時房や重時の邸宅の位置は執権の補佐というより、幕府中枢そのものであった。

四　鎌倉幕府執権・連署歴代の検討

第一に検討することは、「連署」不置の問題である。「連署」不置の時代は十六年間で、その内訳は初代時房〜二代重時の間が六年、六代義政《よしまさ》〜七代業時《なりとき》の間が五年、十一代凞時《ひろとき》〜十二代貞顕《さだあき》の間が三年、十三代維貞《これさだ》〜十四代茂時《もちとき》の間が二年である。

「連署」不置の事情は、①「執権自身が政治的実力において、他に優位であることが明白である場合は、もう一人の執権（連署）は不要だった。」、②「北条経時執権期に連署不設置の理由は、泰時死後の動揺の中で、連署候補・希望者は存在したが、いずれも多数派を形成しえず、牽制と妥協の中で連署設置が見送られた」という理解がある。

貞応三年（一二二四）六月二十八日に北条時房が就任して以来、「連署」不置の時代は十六年間にすぎず、「連署」不置の事情は個々に詳細に検討する必要があるが、執権が政治的実力において他に優位であろうと、得宗専制政治といわれた時代においても、連署は鎌倉幕府において必要なポストであったことはまちがいない。

第二に執権・連署の就任時年齢を比較すると、連署就任時の平均年齢は四十三歳（得宗時宗《ときむね》を除外すると四十五歳、【表1】）で、執権就任時は平均年齢が三十四・五歳（得宗のみは三十歳、時政を除外すると二十五歳、【表2】）である。これを比較すると、執権と連署の平均年齢は、少なくとも約十歳、条件を付けると二十歳の差がある。連署の意義について、「若年の得宗の執権に対して老練な一門が連署とし

【表1】鎌倉幕府「連署」の家名・就任時年齢・前職一覧

代数	氏名	家　　名	就任時年齢	前　　職
1	時房	大仏	50	六波羅探題南方
2	重時	極楽寺	50	六波羅探題北方
3	政村	常盤	52	一番引付頭人
4	時宗	得宗	14	小侍所別当
5	政村	常盤	64	執権
6	義政	極楽寺・塩田	32	三番引付頭人
7	業時	極楽寺・普恩寺	43	一番引付頭人
8	宣時	大仏	50	一番引付頭人
9	時村	常盤	60	一番引付頭人
10	宗宣	大仏	47	一番引付頭人
11	凞時	常盤	33	一番引付頭人
12	貞顕	金沢	38	六波羅探題北方
13	維貞	大仏	42	越訴頭人
14	茂時	常盤	28	一番引付頭人
		平均年齢	43.1	

【表2】鎌倉幕府「執権」の家名・就任時年齢・前職一覧

代数	氏名	家　　名	就任時年齢	前　　職
1	時政	得宗	66	
2	義時	得宗	47	
3	泰時	得宗	42	
4	経時	得宗	19	
5	時頼	得宗	20	
6	長時	極楽寺・赤橋	27	評定衆
7	政村	常盤	60	連署
8	時宗	得宗	18	連署
9	貞時	得宗	14	
10	師時	得宗	27	二番引付頭人
11	宗宣	大仏	53	連署
12	熈時	常盤	34	連署
13	基時	極楽寺・普恩寺	30	二番引付頭人
14	高時	得宗	14	連署
15	貞顕	金沢	49	連署
16	守時	極楽寺・赤橋	32	一番引付頭人
		平均年齢	34.5	

て執権を補佐するという体制」「重鎮にして老練な一門の連署の存在」という理解があるが、妥当な見解である。

第三に、連署の出身・選出母体を検討すると（【表3】）、時房流が四人、重時流が三人、政村《まさむら》流が五人であり、得宗家と対抗関係にあった名越《なごえ》流からは一人も選出されていない。連署が得宗家にとって必要不可欠な存在であることは明らかである。

【表3】北条氏家別連署一覧

各　家	氏　　名	人　数
得宗家	④時宗	1人
時房流	①時房、⑧宣時、⑩宗宣、⑬維貞	4人
重時流	②重時、⑥義政、⑦業時	3人
政村流	③⑤政村、⑨時村、⑪凞時、⑭茂時	4人（5代）
金沢流	⑫貞顕	1人

おわりに——鎌倉幕府「連署」制の成立と展開

北条時房が就任した「軍営御後見（のちの連署）」に関する一般的な理解は、「執権を助けて政務を行い、執権とともに幕府発給の文書に署判する職」「両執権、両執事、両後見、両探題などといったが、執権と連署の権限は同等ではなく、連署は執権の補佐役であった」である。連署制成立の意義は、①執権・連署制は複数執権制であり、幕政の中枢における独裁制から合議制への転化とする理解と、②執権・連署の関係は対等ではなく、独裁・専制志向こそが成立期執権政治の基調であると理解する、正反対の評価がある。連署の名称は、幕府発給文書に執権と連名で署名したために生まれたものであるが、時房の立場を単なる執権泰時の補佐役と理解することはできない。

現在の定説である上横手雅敬説を検討し、鎌倉幕府「連署」制は、貞応三年六月二十八日に北条政子の決定によって、時房・泰時を「軍営御後見」（政務の代官）に任命することで成立した。しかし、この時点で「連署」の職名は成立しておらず、従って幕府文書に時房が連署することは絶対条件ではなかった。時房・泰時の関係は対等であり、複数執権制であった。

鎌倉時代末期に編纂された『沙汰未練書《さたみれんしょ》』には、執権・連署に関して「両国司トハ武蔵相模両国ノ国司御名也、将軍家執権御事也、〈執権トハ、政務ノ御代官ナリ、〉又両所トモ申之」（〈 〉は割書）と記され、両国司（武蔵守・相模守）は執権・連署の別を設けず、両者をともに執権と称している。

「執権北条泰時・連署北条時房」の時代、「執権北条時頼・連署北条重時」の時代、「執権北条時宗・連署北条政村」の時代までは、執権・連署制は複数執権制で、執権・連署の関係は対等、場合によっては時房・重時・政村の政治的力量は、執権泰時・時頼・時宗を凌《しの》いでいたといえる。しかし、一二七三年の北条政村の死後、得宗北条時宗・貞時《さだとき》・高時《たかとき》の時代になると、得宗家と得宗以外の執権・連署との関係は大きく変化し、得宗の事情によって、他の執権・連署の就任が左右されていく。鎌倉幕府の実権は寄合会議に移行し、その中でも特定の人物（時宗時代の平頼綱《たいらのよりつな》・安達泰盛《あだちやすもり》、高時時代の長崎円喜《ながさきえんき》・安達時顕《ときあき》など）が大きな権力を掌握する。しかし、北条時宗政権以後の体制を「得宗専制」と評価することには躊躇する。一二九七年平禅門の乱以後の北条貞時の政治（専制と合議でゆれていく）をみれば明らかで、得宗個人には専制的権力はないのである。

〔参考文献〕

秋山哲雄『北条氏権力と都市鎌倉』（吉川弘文館、二〇〇六年）。

秋山哲雄『都市鎌倉の中世史』（吉川弘文館、二〇一〇年）。

石井清文「北条泰時・時房政権の成立」（Ⅰ）（『政治経済史学』三七〇号、一九九七年）。

石井清文「北条経時執権期の政治バランス―「連署」不置の事情―」（Ⅰ）（Ⅱ）（Ⅲ）（『政治経済史学』三九一号、三九八号、四〇〇号、一九九九年）。

上横手雅敬「連署制の成立」（京都大学『国史論集』、一九五九年）。後に同著『日本中世政治史研究』（塙書房、一九七〇年）に「執権政治の確立」として再録）。

久保田和彦「六波羅探題発給文書の研究―北条泰時・時房探題期について―」（『日本史研究』四〇一号、一九九六年）。

久保田和彦「北条時房と重時―六波羅探題から連署へ―」（平雅行編『公武権力の変容と仏教界』、清文堂出版、二〇一四年）。

熊谷隆之「モンゴル襲来と鎌倉幕府」（『岩波講座日本歴史』中世2、二〇一四年）。

佐藤進一「光明寺残篇小考―鎌倉幕府守護制度研究の一史料に就いて―」（『史学雑誌』五二編七号、一九四一年）。後に同著『増訂鎌倉幕府守護制度の研究』（東京大学出版会、一九七一年）に再録。

杉橋隆夫「執権・連署制の起源―鎌倉執権政治の成立過程・続論―」（『立命館文学』四二四～四二六号、一九八〇年）。

高橋修「中世武士団の内部構造―「崎山家文書」の再検討から―」（同著『中世武士団と地域社会』、清文堂出版、二〇〇〇年）。

村井章介「執権政治の変質」（『日本史研究』二六一号、一九八四年）。後に同著『中世の国家と在地社会』（校倉書房、二〇〇五年）に再録。

安田元久『初期封建制の構成』（国土社、一九五〇年）。後に同著『武士団』（塙書房、一九六四年）に再録。
渡邊晴美「北条時房について—生誕から連署就任まで—」（『政治経済史学』五〇〇号、二〇〇八年）。後に同著『鎌倉幕府北条氏一門の研究』（汲古書院、二〇一五年）に「鎌倉幕府連署北条時房について—執権・連署制の実態分析と北条時房の後継問題—」のタイトルで再録。

【別表1】鎌倉幕府執権・連署歴代一覧

西暦	執権	連署	政治／主な出来事
一二〇三	9・2 北条時政(66)執権1		・比企氏の乱、実朝／三代将軍
一二〇五	閏7・19 出家(明盛)		・畠山重忠の乱、牧の方の変
一二〇九	7 北条義時(47)執権2		
一二一三			・和田合戦、義時／侍所別当
一二一五	1・6 時政没		
一二一八			・泰時／侍所別当
一二一九			・実朝暗殺、頼経／鎌倉下向
一二二一			・承久の乱、六波羅探題
一二二四	6・13 出家(観海)・没 6・28 北条泰時(42)執権3	6・28 北条時房(50)連署1 (前職：六波羅南方)	・泰時・時房／執権・連署 ・伊賀氏の変、泰時／家令設置
一二二五			・大江広元、北条政子死去、宇都宮辻子御所、評定衆設置、鎌倉番役
一二二六			・頼経／四代将軍
一二二八			・興福寺・延暦寺の抗争
一二三一			・寛喜飢饉、寛喜新制四十二ヵ条
一二三二			・貞永式目

西暦	執権	連署	政治／主な出来事
一二三三			・天福法（西国御家人保護法）
一二三五			・石清水・興福寺の抗争
一二三六			・若宮大路御所、大和に守護設置
一二三八			・将軍頼経上洛、篝屋設置
一二四〇		1・24 没（称念）	・鎌倉に篝屋
一二四一			・評定衆佐藤業時／鎮西配流、武蔵野開発
一二四二	6・9 出家（観阿）・没 6・16 北条経時（19）執権4		・結番評定制、寛元法（御家人領保護） ・四条天皇死去、後嵯峨天皇即位
一二四三			・庭中、政所焼亡
一二四六	3・23 辞執権→出家（安楽）・没 3・23 北条時頼（20）執権5		・宮騒動（頼経京都送還）、後藤基綱らの評定衆罷免、名越光時・千葉秀胤の配流
一二四七		7・27 北条重時（50）連署2（前職：六波羅北方）	・宝治合戦
一二四九			・引付衆設置
一二五一			・了行・矢作常氏・長久連／謀反
一二五二			・頼嗣京都送還、宗尊親王／鎌倉下向
一二五六	11・23 出家（道崇） 11・22 北条長時（27）執権6（前職：評定衆）	3・11 出家（観覚）・辞連署・没 3・30 北条政村（52）連署3（前職：一番引付頭人）	・北条時定（時頼弟）肥後配流 ・足利兼氏／配流
一二六一			・良賢（三浦泰村の弟）謀反
一二六二			・足利頼氏死去
一二六三	11・22 時頼没		
一二六四	7・3 出家（専阿）・没 8・5 北条政村（60）執権7（前職：連署）	8・10 北条時宗（14）連署4（前職：小侍所別当）	・越訴奉行設置、北条時輔／六波羅へ ・引付（3番）
一二六六			・引付廃止、宗尊親王京都送還
一二六七			・越訴停止

一二六八	3・5 北条時宗(18)執権8 (前職:連署)	3・5 北条政村(64)連署5 (前職:執権)	・モンゴル国書到来
一二六九			・引付再開(5番)
一二七〇			・越訴再開
一二七二			・二月騒動
一二七三		5・18 出家(覚崇)・没 6・8 塩田義政(32)連署6 (前職:三番引付頭人)	
一二七四			・文永の役
一二七七		4・4 出家(政義)	・北条義政/逐電
一二八一			・弘安の役
一二八三		4・16 普恩寺業時(43)連署7 (前職:一番引付頭人)	・引付(5番)
一二八四	4・4 出家(道杲)・没 7・7 北条貞時(14)執権9		・佐介時光・時国を配流 ・足利家時/自害
一二八五			・霜月騒動
一二八七		6・18 出家(鑑忍) 8・19 大仏宣時(50)連署8 (前職:一番引付頭人)	・引付(5番)
一二八九			・将軍惟康親王/京都送還
一二九〇			・浅原為頼/伏見天皇暗殺計画、越訴停止
一二九三			・平禅門の乱
一二九四			・引付再開(5番)、越訴再開
一二九六			・吉見義世/謀反
一二九七			・永仁徳政令
一三〇〇			・越訴廃止→得宗被官が担当
一三〇一	8・23 出家(崇暁・崇演) 8・22 北条師時(27)執権10 (前職:二番引付頭人)	8・22 辞連署→9・24 出家(忍昭) 8・23 北条時村(60)連署9 (前職:一番引付頭人)	・越訴再開、山名俊行/謀反 ・引付(5番)
一三〇五		4・23 没(嘉元の乱)	・嘉元の乱

西暦	執権	連署	政治／主な出来事
一三〇五		7・22 大仏宗宣（47）連署10（前職：一番引付頭人）	
一三〇八			・引付（7番）、久明親王／京都送還
一三一一	9・22 出家（道覚）・没 10・3 大仏宗宣（53）執権11（前職：連署） 10・26 貞時没	10・3 転執権 10・3 北条凞時（33）連署11（前職：一番引付頭人）	・引付（5番）
一三一二	5・29 出家（順昭）・没 6・2 北条凞時（34）執権12（前職：連署）	6・2 転執権	
一三一四			・武田基綱／謀反
一三一五	7・12 出家（道常）・没 7・11 普恩寺基時（30）執権13（前職：二番引付頭人）	7 金沢貞顕（38）連署12（前職：六波羅北方）	・吉見頼有／謀反
一三一六	7・9 辞執権・出家（信忍） 7・10 北条高時（14）執権14		
一三一八			・引付（6番）、後醍醐即位
一三一九			・引付（5番）
一三二〇			・蝦夷蜂起
一三二三		6・30 宣時没	
一三二四			・正中の変
一三二六	3・13 出家（崇鑑）	3・16 転執権	
一三二六	3・16 金沢貞顕（49）執権15（前職：連署） 3・26 辞執権 4・24 赤橋守時（32）執権16（前職：一番引付頭人）	4・24 大仏維貞（42）連署13（前職：評定衆・越訴頭人）	
一三二七		9・7 出家（慈眼）・没	

一三三〇		7・7 北条茂時（28）連署14（前職：一番引付頭人）	
一三三一			・元弘の変、長崎高資の暗殺失敗 ・楠木正成の挙兵
一三三三	5・18 没 5・22 高時没	5・22 没	・足利高氏・新田義貞／挙兵

※表1は、細川重男編『鎌倉将軍・執権・連署列伝』（吉川弘文館）の付録「執権・連署表」および熊谷隆之「モンゴル襲来と鎌倉幕府」（『岩波講座日本歴史』中世2、二〇一四年）を参考に作成した。

【別表2】『吾妻鏡』『明月記』（貞応三年六月～嘉禄元年七月）における北条時房　※〈　〉は割書き

No.	年	月	日	表記	本文（現代語訳）	出典
1	貞応三（一二二四）	六	二十六	相州	今日、未の刻に北条泰時が京都から鎌倉に到着した。まず由比の辺りに泊まられ、明日、本宅に移られるという。去る十三日の飛脚が同十六日に入洛したので、十七日の丑の刻に京を出たという。また十九日に京を出た北条時房と足利義氏らも同じく鎌倉に到着したという。	吾妻鏡
2	貞応三（一二二四）	六	二十八	相州	甲午。泰時が初めて政子の御方に参られた。触穢の憚はないという。「時房・泰時は軍営（三寅、のちの頼経）の御後見として武家の事を執り行うように」と政子の仰があったという。そしてこれに先立ち、時期尚早かと政子が大江広元に相談されると、広元が申した。「今日までその決定が延びたことさえ遅いというべきです。世の安否を人が疑っている時です。決定すべきことは早く決定すべきです」。	吾妻鏡
3	貞応三（一二二四）	六	二十九	相州	乙未。寅の刻。時盛（北条時房の長男）と時氏（北条泰時の長男）が上洛した〈去る二十七日に出門していた〉。両人共に世上のうわさにより「鎌倉に留まります」と言ったが、時房・泰時が相談されて言った。「世が静まらない時には京畿の人の思惑がたいそう気にかかる。早く洛中を警護するように」。そこでそれぞれ出発した。時房は現在、何事においても泰時の命に背かれないという。	吾妻鏡

No.	年	月	日	表記	本文（現代語訳）	出典
4	貞応三（一二二四）	閏七	一	相州	丙寅。晴れ。若君（三寅）ならびに政子は泰時の御邸宅におられ、次々と御使者を三浦義村の許に遣わして世上の乱れを鎮めるよう仰っていた。その上、昨夜の騒動に驚いて義村を呼び寄せ、よくよく命じられた。「私は今、若君を抱いて時房・泰時と同じ所にいる。義村も別にいてはならない。同じくこの場所に祗候するように」。義村は辞退することができなかったという。その外に葛西清重・中条家長・小山朝政・結城朝光以下の宿老を呼び、時房を通じて命じられた。「上（三寅）は幼少なので、臣下の反逆を押さえ難い。私は無理に老いた命を生かしており、たいそう役にも立たないが、それぞれはどうして故将軍（源頼朝）の記憶を思わないのか。そうすれば、命令に従って同心すれば何者が蜂起するであろうか」。	吾妻鏡
5	貞応三（一二二四）	閏七	三	相州	戊辰。晴れ。政子の御前で世上の事について審議が行われた。時房が参られた。また大江広元が老病を押して召しに応じ、関実忠が記録を記したという。伊賀光宗らが一条実雅卿を関東の将軍に立てようとし、その奸謀は既に露顕した。ただし公卿以上をむやみに罪科には処し難く、その身柄を京都に進めて罪名を奏聞して伺う。北条義時の後室（伊賀氏）と光宗らについては流刑とする。その他の者はたとえ一味の疑いがあっても罪科は行わないという。	吾妻鏡
6	貞応三（一二二四）	閏七	二十八	相州	癸巳。天変の祈禱である三万六千神・天地災変などの祭が結願した。大江佐房が御使者となった。これは政子の命により去る二十六日に始められたという。今日、若君と時房は本所に帰られたという。	吾妻鏡
7	貞応三（一二二四）	八	一	相州	乙未。晴れ。灯ともし頃に時房が初めて政所に出仕した。時房と泰時が執権の事を承った後、今までこのことは無かった。しかし「義時の五旬中に出仕を憚るのはまことに道理というべきである。先月はまた閏月であった。今となっては吉日を選ぶまでもなく早く参るように。この間、世上は静まらず。人の思うところも疑念が多いであろう。このようなことを行われれば落ち着く基となろう」と政子が頻りに勧められたという。	吾妻鏡

8	貞応三（一二二四）	九	十五	相州	戊寅。鶴岡放生会の式月が延期されていたが、今日行われた。時房が若君の御奉幣の御使者であった。時房は束帯・帯剣であったという。	吾妻鏡
9	貞応三（一二二四）	九	十六	相州	己卯。曇り。晴れ。寅の刻に太白星が辰星に接近したという。今日、流鏑馬以下の神事がいつも通り行われた。時房の参宮は昨日と同じであった。三浦義村・中条家長以下が廻廊に祇候し、小山朝政が馬場を警備した。	吾妻鏡
10	元仁元（一二二四）	十	二十八	両国司	辛酉。阿波国麻殖保の預所である左衛門尉清基と地頭小笠原太郎長経とはこのところ相論する事があり、今日、両国司（泰時・時房）の御前で訴訟の対決を行った。清基が申した。「当保は平康頼法師の功績によって頼朝から拝領し、今までに相伝領掌してきたところ、長経が謀反人の跡と称して賜りました。正しい道理ではなく、速やかに返付していただきたい」。長経が申した。「清基は去る承久三年の兵乱の時、後鳥羽院に祇候し腹巻を着て官軍に加わっていました。その上、自宅から和田新兵衛尉朝盛法師が出立して戦場に向かいました」。清基が重ねて申した。「伯父の左衛門尉仲康と朝盛入道は朋友です。そこで対面しただけで、全く同心しておりません」。そうしたところ、承久の兵乱の頃に清基が阿波国守護人佐々木弥太郎判官高重に遣わした文書には「男は一人であっても御大切であり、麻殖の人々があなたに付き従ったのは神妙です」と記されていた。その文書がにわかに出現したので、泰時・時房のご覧に入れたところ、逆節は疑い無いと決定され、清基の訴訟は却けられたという。	吾妻鏡
11	元仁二（一二二五）	正	一	相州	壬戌。晴れ。時房が垸飯などを献上された。御剣の役は三浦義村という。	吾妻鏡
12	嘉禄元（一二二五）	六	七	相州	関東の政子が臨終という伝聞があった〈不食の病という〉。六波羅の武士らの集会に、西園寺実氏が使者を送ったところ、「政子臨終の飛脚」ということであった。二年前に後高倉法皇、去年は北条義時が亡くなり、今年もこのようである。天下の勝事は人道のかかわることではない。夕方また伝聞。北条時房が鎌倉に下向するという。実否は知らない。	明月記

No.	年	月	日	表記	本文（現代語訳）	出典
13	嘉禄元（一二二五）	六	十三	相州	政子の臨終は確実らしい。夜半に飛脚が到着。病気回復の知らせかもしれない。世間は口やかましい。隠逸安穏の計は何のためか。六日より病気が進行したらしい。北条時房が鎌倉に下向したらしい。	明月記
14	嘉禄元（一二二五）	六	十三	相州	壬寅。晴れ。今日は故義時の一周忌に当たり、泰時が新たに造営した釈迦堂の供養が行われた。導師は弁僧正定豪で、請僧は二十人。時房以下の人々が群集した。	吾妻鏡
15	嘉禄元（一二二五）	六	十四	相州	在京の武士のほとんどが鎌倉に下向するという噂である。ある人は「大江広元が死去した」とか「泰時が重病である」とか言っている。虚言であるか。夜前、時房が西園寺公経亭に参じ〈今度の在京では初度か〉、政子が重病であることを伝えた。公経は時房に下向しないように示したが、時房は「政子の病状が悪化しているので、生前にもう一度に会いたい」と伝え、さらに「往復で二十日ほどで帰洛する、子息時盛と泰時の子である時氏は京に残す。大江広元は他界したが、子息長井時広は下向させない」と伝えたという。時房は帰路、三条京極の辺で武士百騎ばかりを加えたという。検非違使行兼が公経の御使として、今日の昼に鎌倉に下向したという。	明月記
16	嘉禄元（一二二五）	六	十五	相州	時房が夜明け方に鎌倉に下向したらしい。辰の時、見送りの人が勢多より帰京したという。	明月記
17	嘉禄元（一二二五）	六	二十一	相州	庚戌。晴れ。政子が御新御所に移られることについては、あらかじめ今日と定められていた。（中略）その後、晩になって政子がまた気を失われたので、移動しては道中できっと亡くなられてしまうであろうと、時房と泰時が相談されたので、国道以下の六人が再び「二十六日乙卯に移られるのがよいでしょう」と、同様に選び申した。泰時が仰った。「乙卯の日は四不出日で支障があろう」。陰陽師らが申した。「四不出日には外出を慎みますが、今は御移徙の儀であり支障はありません」。そこで二十六日と決定した。	吾妻鏡

18	嘉禄元（一二二五）	六	二十二	相州	政子の病気が快復したらしい。時房は鎌倉に下向する必要がないという使者が来向した。すでに時房は出発している。政子の病気はその後また重くなったらしい。	明月記
19	嘉禄元（一二二五）	六	二十八	相州	時房の八駿（よく走る馬）が出京し、六日で鎌倉に到着したという。政子の病気が増したことを知らせたとき、重ねて命じたのは三帝二王の監視である。このような時に、各国の守護は上洛の心を持たず、それぞれの持ち場を固めるため諸国に下向したという。	明月記
20	嘉禄元（一二二五）	七	二十三	相州	壬午。晴れ。時房が義時の御旧宅〈このところは政子の御居所であった〉に移られた。	吾妻鏡

※『吾妻鏡』本文の現代語訳は、五味文彦・本郷和人・西田友広編『現代語訳吾妻鏡』9「執権政治」（吉川弘文館、二〇一〇年）を利用した。また、『明月記』本文の現代語訳は久保田の文章である。

六波羅探題と執権・連署

森　幸夫

はじめに

六波羅探題《ろくはらたんだい》とは、鎌倉時代中期以降、鎌倉幕府の西国支配において重要な役割を果たした広域地方統治機関である。本章では、

①どのような北条《ほうじょう》一族が六波羅探題に任命されたのか

②京都から鎌倉に帰還後、誰が執権《しっけん》や連署《れんしょ》に就任できたのか

③執権・連署の六波羅探題在職経験が、幕府政治にいかに生かされたのか

の、三点について主に考える。

また六波羅探題については、重要な役職であったにもかかわらず、一般的によく知られていないので、最初にその概要についても述べることとしたい。

一　六波羅探題の概要

六波羅探題とは、承久《じょうきゅう》の乱（一二二一）後、京都の東郊六波羅に設置された鎌倉幕府の西国統治機関である。六波羅は地名で、今の京都市東山区内である。平清盛《たいらのきよもり》が「六波羅の入道前太政大臣《にゅうどうさきのだじょうだいじん》」（『平家物語』巻一）と呼ばれたように、六波羅はもともと平家の本拠地であった。平家に勝利した鎌倉幕府が没収地として領有し、そこに源頼朝《みなもとのよりとも》の屋敷などが建てられたのである。

承久の乱で、鎌倉幕府軍の東海道大将軍として西上した北条泰時《ほうじょうやすとき》・時房《ときふさ》は、後鳥羽《ごとば》上皇軍との戦いを経て、承久三年（一二二一）六月十六日、六波羅の館に入った。これが六波羅探題の始まりである。『吾妻鏡《あずまかがみ》』の同日条には、泰時・時房が北条義時《よしとき》の「爪牙耳目《そうがじもく》」のごとく、「治国《ちこく》の要計《ようけい》を廻《めぐ》らし、武家の安全を求め」た、と書かれている。北条泰時と時房の役割は、鎌倉の執権北条義時の指示を受けて、承久の乱後の戦後処理を実行することにあった。それは後鳥羽上皇の流罪《るざい》や京方武士の処断などを主な内容としていた。「武家の安全を求め」るため、まず朝廷を監視することが、六波羅探題の主要任務となったのである。

また鎌倉時代末期に成立したと考えられる、『沙汰未練書《さたみれんしょ》』という裁判関係の書物には、

六波羅とは、洛中警固《らくちゅうけいご》並びに西国成敗《さいごくせいばい》の御事なり

と記されている。これは六波羅の職務について述べたもので、「洛中警固」という京都の治安維持と、

「西国成敗」という西国関係の裁判がその主要な仕事であったことがわかる。

以上から、六波羅探題の職掌は、①朝廷の動向の監視や朝廷との交渉、②京都の治安維持、③西国関係の裁判、が主要なものと考えられる。六波羅探題は百年以上続いたのであるから、もちろんこれらの職務は①を除き、徐々に形成されて定着していったものである。

②京都の治安維持については、暦仁元年（一二三八）に京都の主要な道路が交差する辻々に、篝屋《かがりや》という警固施設が設置されて、その機能が強化された。在京人《ざいきょうにん》と呼ばれる六波羅探題配下の、小早川《こばやかわ》・佐々木《ささき》・湯浅《ゆあさ》氏ら西国地頭御家人《じとうごけにん》が篝屋警固を担当し、盗賊や犯罪人などの逮捕に活躍したのである。また六波羅探題は、在京人たちを動員し、延暦寺《えんりやくじ》や興福寺《こうふくじ》ら僧兵の強訴《ごうそ》入京《にゅうきょう》を阻止することがしばしばあった。

③西国関係の裁判は、ようやく十三世紀末頃にその機能が確立する。六波羅探題の「探題」という言葉は、仏教用語に由来し、そもそも判定者つまり裁判官を意味していた。しかし、引付奉行人《ひきつけぶぎょうにん》ら裁判スタッフの形成が遅れたことなどもあり、六波羅探題の裁判機能は鎌倉末期にようやく整った。六波羅による裁判は本来、御家人がかかわる案件のみが審理されていたが、西国での悪党関係の訴訟の増加とともに、本所一円地《ほんじょいちえんち》という、幕府・六波羅とは元来無関係の寺社領などについても、その訴えを受理しなければならなくなっていき、負担が増大していった。

なお最後に六波羅探題の管轄国についてみておくと、尾張《おわり》（のち三河《みかわ》）・美濃《みの》・加賀《かが》以西の国々である。ただし十三世紀末に鎮西探題《ちんぜいたんだい》が成立すると、九州諸国は六波羅の管轄外となる。

二　六波羅探題の就任者について

次に六波羅探題にどのような北条一族が任命されたかを考える。

六波羅探題には北方と南方とがいた。六波羅創設時には、北条泰時が北方で、北条時房が南方であった。歴代の六波羅探題を一覧化したのが【別表1】（章末参照）である。【別表1】をみれば明らかなように、六波羅探題は通常北方・南方の二名が在職したが、北方のみの一名の場合もあった。仁治三年（一二四二）六月から文永元年（一二六四）十月までは、北方探題が単独で在職している。すなわち北条重時《しげとき》・北条長時《ながとき》・北条時茂《ときもち》の探題時代である。彼らは親子・兄弟にあたる（【北条氏略系図】章末参照）。寛喜二年（一二三〇）から建治二年（一二七六）までの六波羅の政務は、主として、京都に慣れた重時流（極楽寺流《ごくらくじ》）北条氏によって請け負われており、北条重時らはその家人たちを手足として六波羅探題の職務を遂行したのである。

建治三年末の北条時村《ときむら》・北条時国《ときくに》以後、南北両探題が揃うようになる。北方と南方両者の関係については、得宗流《とくそう》（北条氏略系図Ⓐ）や極楽時流北条氏（同Ⓑ）の人々は主に北方探題に任じ、一方時房流（同Ⓕ）はほとんどが南方探題になっているから、北方の方が南方よりも高い家格の北条一族が任じられるのが原則であったといえよう。その意味で、文永元年に六波羅探題となった北条時輔《ときすけ》は、得宗北条時宗《ときむね》の兄でありながら、南方に任じたわけだから、屈辱的な人事、つまり左遷であったといえるであろう。

また北方・南方の両探題のうちのリーダーを執権探題《しつけんたんだい》といったが、鎌倉末期、永仁五年（一二九七）の大仏宗宣《おさらぎむねのぶ》からは家格の低い南方探題からも執権探題が現れることが明らかになっている。この南方執権探題大仏宗宣の出現の背景には、同年のいわゆる永仁の徳政令《とくせいれい》の西国施行が関係していたと考えられる。いずれにしろ南方執権探題の登場は、執権探題の任命基準が、家格優先主義から能力優先主義へと変化したと捉えることが可能である。

南方執権探題としては大仏宗宣・金沢貞顕《かねさわさだあき》・大仏維貞《これさだ》・金沢貞将《さだゆき》の四名が確認できる。大仏宗宣と維貞、金沢貞顕と貞将とはそれぞれ父子である。金沢父子については特に目立った活躍は見出せないが、大仏宗宣が永仁の徳政令の西国施行を実行したことは先に触れた。また、正和四年（一三一五）から正中元年（一三二四）まで探題であった大仏維貞は、その約十年弱に及ぶ在職期間中に、悪党や海賊らの鎮圧に尽力してかなりの成果を上げている。南方執権探題として見事にその能力を発揮したのである。

最後に六波羅探題に任命されなかった北条一族について触れておく。北条氏略系図をみれば明らかなように、北条義時の次男朝時《ともとき》流の名越《なごえ》一門（Ⓒ）からは六波羅探題就任者がひとりも出ていない。これは、名越流北条氏が、家柄が良かったこともあって、名越朝時や光時《みつとき》らが得宗家の泰時や時頼《ときより》に反抗したからである。京都で反旗を翻しかねない北条一族を、六波羅探題として上洛させるわけにはいかなかったのである。

三　六波羅探題の鎌倉帰還後の政治的地位

ここでは、六波羅探題が任務を終え鎌倉に帰還したあとの、幕府内での政治的地位について考えてみよう。つまり、鎌倉で誰がどのように出世できたかである。

まず【表1】帰東後の最終役職一覧をみよう。「帰東後の最終役職」の欄に記したように、「上がり」ともいえる執権には六名（①北条泰時・⑥北条長時・⑯大仏宗宣・⑰北条基時《もととき》・⑱⑳金沢貞顕・㉕金沢貞将？）、連署には四名（②北条時房・⑤北条重時・⑪北条時村・㉓大仏維貞）が就任している。執権となった大仏宗宣と金沢貞顕とは、ともに連署も経歴しているから、実際には連署就任者は六名となる。なお金沢貞将の執権就任を明示する確実な史料はないが、幕府滅亡直前での執権職就任を肯定する説もあるので、一応ここでは執権就任者とみておく。

六波羅探題初期の北条泰時や北条時房、そして北条重時が執権・連署に任命されたのは理解しやすいところである。北条長時も重時嫡子で、得宗北条時頼の義兄弟であり、北条時宗が成長するまでの「つなぎ役」として時頼から執権職を譲られた。

北条時村が連署となったのは、鎌倉に帰還後十年以上経った、正安三年（一三〇一）のことである。当時六十歳であったから、宿老的存在であったが、本来時村は、弘安十年（一二八七）に連署に就任するため、六波羅探題を辞し鎌倉に下っていたのであった。しかしこのときは、幕政を壟断する平頼綱《よりつな》の

【表1】　帰東後の最終役職一覧

名　前	家系	帰東後の最終役職	探題就任以前の役職	備　考
① 北条泰時	Ⓐ	執権	侍所別当	
② 北条時房	Ⓕ	連署	政所別当	
③ 北条時氏	Ⓐ			帰東後病死
④ 北条時盛	Ⓕ			帰東後出家
⑤ 北条重時	Ⓒ	連署	小侍所別当	
⑥ 北条長時	Ⓒ	執権		
⑦ 北条時茂	Ⓒ			在職中病死
⑧ 北条時輔	Ⓐ			在職中誅殺
⑨ 北条義宗	Ⓒ	評定衆		
⑩ 北条時国	Ⓕ			帰東後誅殺
⑪ 北条時村	Ⓓ	連署	評定衆・二番引付頭人	
⑫ 北条兼時	Ⓐ	評定衆		鎮西探題も経歴
⑬ 北条盛房	Ⓕ		評定衆	帰東後病死
⑭ 北条久時	Ⓒ	評定衆・一番引付頭人		
⑮ 北条宗方	Ⓐ	評定衆・越訴頭人		侍所所司も経歴
⑯ 大仏宗宣	Ⓕ	連署・執権	評定衆・四番引付頭人	南方執権探題
⑰ 北条基時	Ⓒ	執権		
⑱ 金沢貞顕	Ⓔ	二番引付頭人		南方執権探題
⑲ 北条時範	Ⓒ		引付衆	在職中病死
⑳ 金沢貞顕	Ⓔ	連署・執権	六波羅南方・二番引付頭人	六波羅北方再任
㉑ 大仏貞房	Ⓕ		評定衆	在職中病死
㉒ 北条時敦	Ⓓ		引付衆	在職中病死
㉓ 大仏維貞	Ⓕ	連署	評定衆・四番引付頭人	南方執権探題
㉔ 常葉範貞	Ⓒ	三番引付頭人	評定衆	
㉕ 金沢貞将	Ⓔ	執権？	評定衆・四番引付頭人	南方執権探題
㉖ 北条時益	Ⓓ			在職中戦死
㉗ 北条仲時	Ⓒ			在職中戦死

策動があったらしく、連署就任は叶わなかった。時村は有能な存在であり、還暦間近の年にようやく北条一門の宿老として連署に任命されたのである。

鎌倉末期になると、北条時村以外では、大仏宗宣・北条基時・金沢貞顕・大仏維貞・金沢貞将の五名もが執権や連署に任命されている。このころ、六波羅探題と同様な広域地方統治機関として鎮西探題が成立していたが、鎮西探題経験者からは一名も執権・連署就任者は誕生していない。このことを考えると、六波羅探題経験者はその経歴が高く評価されたといえるであろう。特に上記五名のうち、北条基時以外の四名はいずれも南方執権探題であった。先にみたように、南方執権探題は能力によって登用されたのであり、その経験者は、幕府内でいっそう高く評価されたと考えられるのである。

なお、【表1】から読み取れる事柄につきもう少し述べておこう。「備考」欄をみると、六波羅探題在職中に死亡した人物が少なくないことに気付かされる。誅殺（⑧北条時輔・⑩北条時国〈帰東後〉）や戦死（㉖北条時益《ときます》・㉗北条仲時《なかとき》）を除いても、在職中の病死者（⑦北条時茂・⑲北条時範《ときのり》・㉑大仏貞房《さだふさ》・㉒北条時敦《ときあつ》）や帰東後程なくの病死者（③北条時氏《ときうじ》・⑬北条盛房《もりふさ》）が合わせて六人もいる。権力者とはいえ東国出身の北条氏が、公家政権の本拠地京都で六波羅探題の職務を行うのはかなりのストレスを伴うものであったのだろう。在京人たちも独立的な存在であって、探題に面従腹背《めんじゆうふくはい》する者も少なくなかった。六波羅探題の職務が命を縮めたのかもしれない。

⑮北条宗方《むねかた》にも注意しておきたい。宗方は大仏宗宣とともに六波羅探題に任じた存在である。得宗庶流の出身で、北条時宗の猶子であった。しかし執権探題にはなれなかった。帰東後は越訴《おつそ》頭人《とうにん》となった

が、得宗北条貞時《さだとき》の内管領《うちかんれい》ともなり侍所所司《さむらいどころしょし》に任じた。嘉元三年（一三〇五）の嘉元の乱で連署北条時村を暗殺し、自身も粛清されることとなる。得宗家の一員ながら独特の経歴を歩んだ人物であり、そのスタートが六波羅探題であったことが注意されるところである。

四　六波羅探題経験者の執権・連署による幕府の政策立案

鎌倉幕府は法令を制定する際、その事情に通じた関係者を召し出し、意見を徴していたことが知られる。例えば、弘長二年（一二六二）五月と翌三年十月、幕府は六波羅探題北条時茂の執事佐治重家《しつじさじしげいえ》を鎌倉に呼び、その意見を取り入れて、京都やその周辺の治安維持などに関する法令を定めている（追加法四〇七～四一六条、『吾妻鏡』弘長三年十月十日条）。六波羅探題経験者が執権・連署であったとすれば、当然、朝廷や西国支配にかかわる課題につき、その経験を基に政策立案などを行ったことが考えられる。

鎌倉幕府の執権・連署は将軍の後見として政治を主導したわけだから、六波羅探題を経歴した執権・連署は、探題時代の経験を活かして幕府政治を行ったことが想定されるのである。ここではそれらのケースについて考えてみたいと思う。ただし現段階では、意外なほど、確かな実例は見出せていない。あくまでも六波羅探題経験者の執権・連署による発案とみられる、二、三の政策事例について述べてみたい。

事例1　寛喜の飢饉時における飛礫の解禁

寛喜三年（一二三一）四月、執権北条泰時（連署は北条時房）は、六波羅探題（北条重時・北条時盛）に指令して、京都の諸社祭での飛礫《つぶて》を解禁した（追加法二一一条）。泰時は六波羅探題在職時代（承久三年〈一二二一〉～元仁元年〈一二二四〉）に、殺害刃傷の原因ともなるので、諸社の祭礼での飛礫と武芸を禁じていたのである。しかし京都では、飛礫を禁じたため飢饉《ききん》が起きたとの風評が生じたため、これを許可した。ただし武芸についての禁制は解いていない。泰時は六波羅探題として在京時代の経験を基に、世論に配慮する形で、諸社祭での飛礫のみを解禁したのである。なお、このときの連署は、泰時とともに六波羅探題を務めた北条時房であり、時房もこの法令制定に関与したと考えられる。

事例2　建長の山僧寄沙汰停止令

建長二年（一二五〇）三月、鎌倉幕府は山僧寄沙汰《さんそうよせざた》を停止し、関東申次西園寺実氏《かんとうもうしつぎさいおんじさねうじ》を通じて朝廷（後《ご》嵯峨《さが》上皇）にもこれを申し入れた（追加法二六六・二六七条）。このときの執権は北条時頼、連署は北条重時である。山僧とは比叡山《ひえいざん》延暦寺の僧であり、寄沙汰とは訴訟の当事者となってもらうことである。山僧寄沙汰により、延暦寺の悪僧が強引な債権回収などを行い、京周辺でトラブルが絶えなかったのである。この法令の発案者は、執権時頼よりも、六波羅探題を経歴した連署重時とみる方が自然であろう。

幕府からの申し入れを受けて、同年五月、御嵯峨院政下の朝廷は、延暦寺に対して寄沙汰などの乱暴禁止を命じる宣旨《せんじ》を発した（『岡屋関白記《おかのやかんぱくき》』）。御嵯峨上皇は、かつて六波羅探題北条重時の保護下にあった存在であり、重時が帰東し幕府連署となったのちも、重時と後嵯峨とは信頼関係によって結ばれていて、山僧寄沙汰停止につき、幕府と朝廷とが足並みを揃えて対策を行ったのである。

事例3　正中の本所一円地悪党対策

正中元年二月、鎌倉幕府は使節出羽判官《でわほうがん》を派遣し、本所一円地の悪党鎮圧につき、守護が入部するなど強い姿勢で臨む方針を、朝廷側（後醍醐《ごだいご》天皇）に申し入れた（参考資料補二一条）。荘園領主の支配に武力で抵抗する悪党が、このころ、畿内地方を中心に頻発し、幕府はその鎮圧に苦慮していた。この法令は悪党対策として、幕府の管轄外であった本所一円地への守護入部の許可を王朝側に求めたものである。当時の鎌倉幕府の執権は北条高時《たかとき》、連署は金沢貞顕であった。金沢貞顕は六波羅探題を二度経験（乾元元年〈一三〇二〉～延慶元年〈一三〇八〉に南方探題、同三年～正和三年〈一三一四〉に北方探題）した人物である。この政策に連署貞顕の意見が反映されたとみてよいだろう。また当時の六波羅探題には、悪党鎮圧に奔走した大仏維貞が在職しており、おそらく維貞の意見をも取り入れ、連署貞顕を中心にこの政策立案がなされたものと考えられるのである。

おわりに

以上本章では、六波羅探題就任者とその鎌倉帰還後の政治的地位、また六波羅探題経験者の執権・連署による幕府の政策立案について考えてみた。後者についてはなかなか確たる事例が見出せず、推測部分が多くなってしまったかとも思う。鎌倉後期以降になると、得宗政治が行われ、幕府政治の実権も、執権や連署にはなく、平頼綱や長崎円喜《ながさきえんき》・高資《たかすけ》父子らの内管領が握る時期もある。得宗政治の時代になり、六波羅探題経験者の執権・連署による政策立案があまり見出せなくなる傾向があるのは、得宗を中心とする政治体制のなかで意見が反映されにくくなったためかもしれない。

〔参考文献〕

木村英一『鎌倉時代公武関係と六波羅探題』（清文堂、二〇一六年）
佐々木文昭「鎌倉幕府引付頭人小考」（『北海道武蔵短期大学紀要』四三号、二〇一一年）
佐藤進一『鎌倉幕府訴訟制度の研究』（岩波書店、一九九三年）
佐藤進一・池内義資編『中世法制史料集』（第一巻　鎌倉幕府法、岩波書店、一九七九年〈一〇刷〉）
西田友広『悪党召し捕りの中世』（吉川弘文館、二〇一七年）
日本史史料研究会監修・細川重男編『鎌倉将軍・執権・連署列伝』（吉川弘文館、二〇一五年）
細川重男『鎌倉幕府得宗専制論』（吉川弘文館、二〇〇〇年）
森幸夫『六波羅探題の研究』（続群書類従完成会、二〇〇五年）
森幸夫『北条重時』（吉川弘文館、二〇〇九年）
森幸夫『中世の武家官僚と奉行人』（同成社、二〇一六年）

【別表1】六波羅探題一覧

年代	北方	南方
承久3 (1221)	6就 Ⓐ北条泰時(39)	6就 Ⓕ北条時房(47)
貞応元		
2		
元仁元	6退	
嘉禄元	6就 Ⓐ北条時氏(23)	6退 6就 Ⓕ北条時盛(29)
2		
安貞元		
2		
寛喜元		
2 (1230)	3退 3就 Ⓒ北条重時(33)	
3		
貞永元		
天福元		

年代	北方	南方
建長元		
2 (1250)		
3		
4		
5		
6		
7		
康元元	3退 4就 Ⓒ北条時茂(16)	
正嘉元		
2		
正元元		
文応元 (1260)		
弘長元		

*「就」…就任　「退」…退任　姓名の下の（　）内は就任時年齢
Ⓐ～Ⓕは北条氏略系図中の「家系」に対応

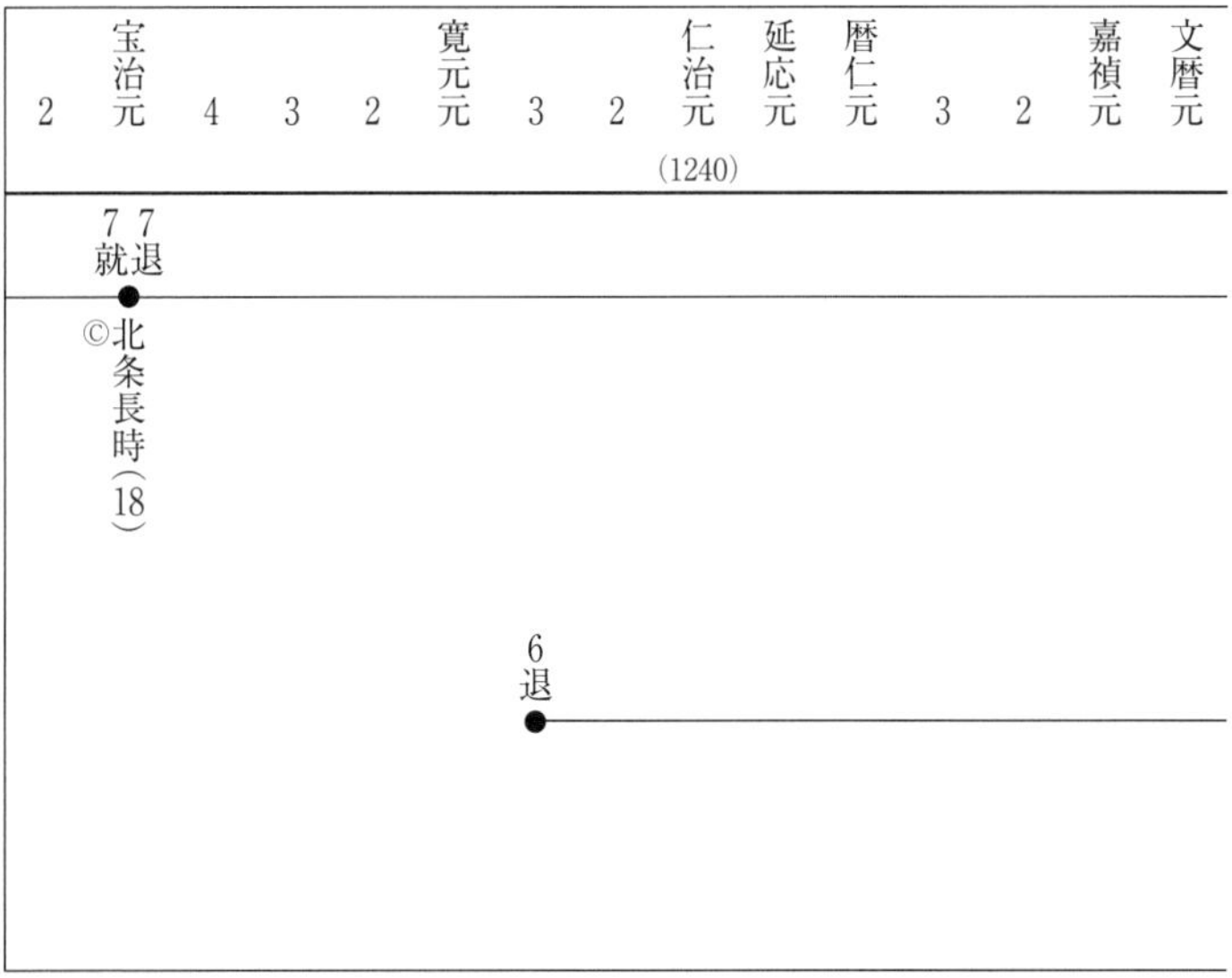

文暦元
嘉禎元
2
3
暦仁元
延応元
仁治元
(1240)
2
3
寛元元
2
3
4
宝治元
2
7 就
7 退
©北条長時(18)
6 退

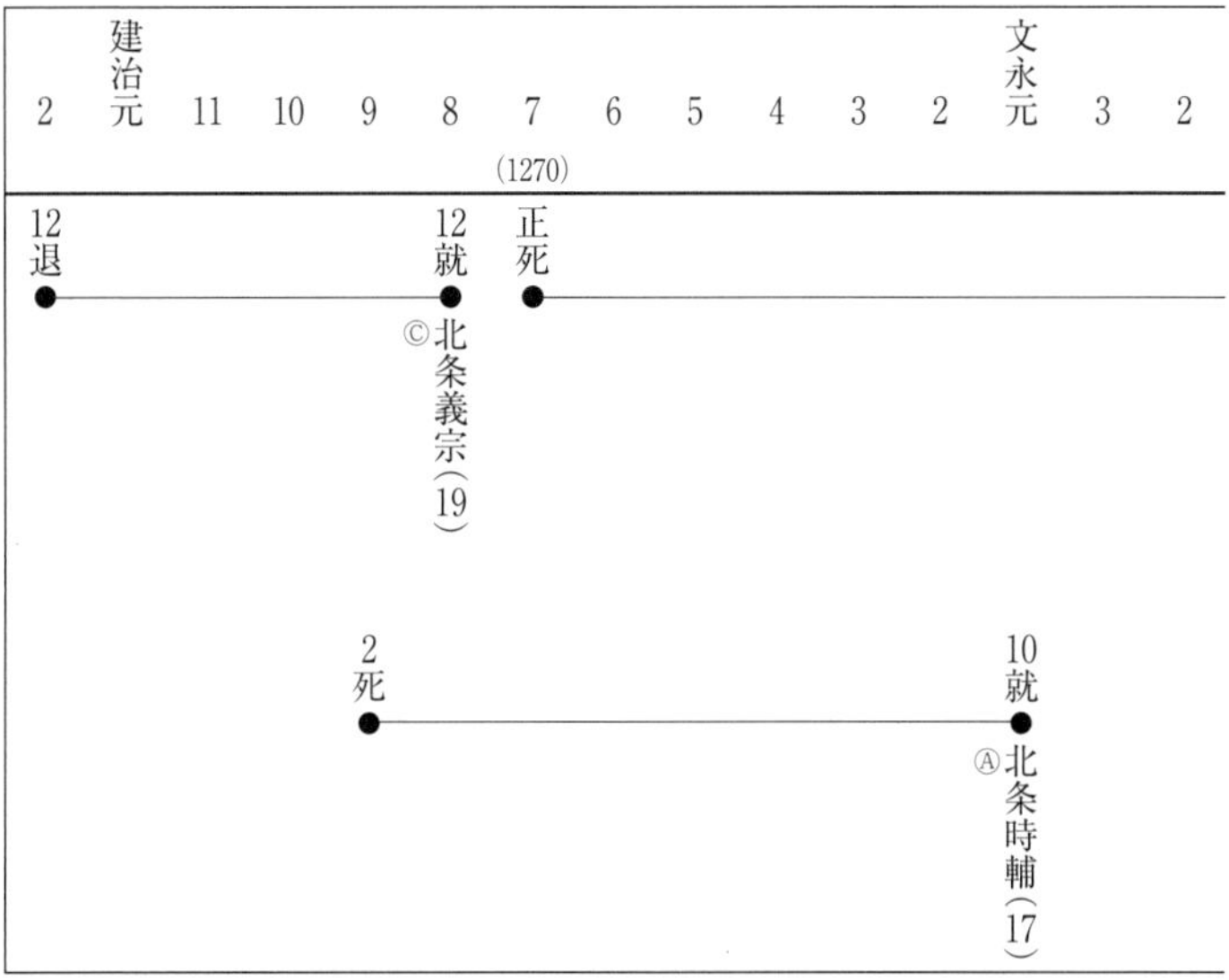

2
3
文永元
2
3
4
5
6
7
(1270)
8
9
10
11
建治元
2
正 死
12 就
12 退
©北条義宗(19)
10 就
Ⓐ北条時輔(17)
2 死

年代	建治3	弘安元	2	3 (1280)	4	5	6	7	8	9	10	正応元	2	3 (1290)
北方	12就 Ⓓ北条時村(36)										8退 8就 Ⓐ北条兼時(24)			
南方	12就 Ⓕ北条時国(15)							6退 12就 Ⓐ北条兼時(21)			8北方	2就 Ⓕ北条盛房(47)		

年代	徳治元	2	延慶元	2	3 (1310)	応長元	正和元	2	3	4	5	文保元	2	元応元
北方		8死	12就 Ⓕ大仏貞房(37)	12死	6就 Ⓔ金沢貞顕(33)				11退	6就 Ⓔ北条時敦(35)				
南方			12退		7就 Ⓔ北条時敦(30)					6北方 9就 Ⓕ大仏維貞(31)				

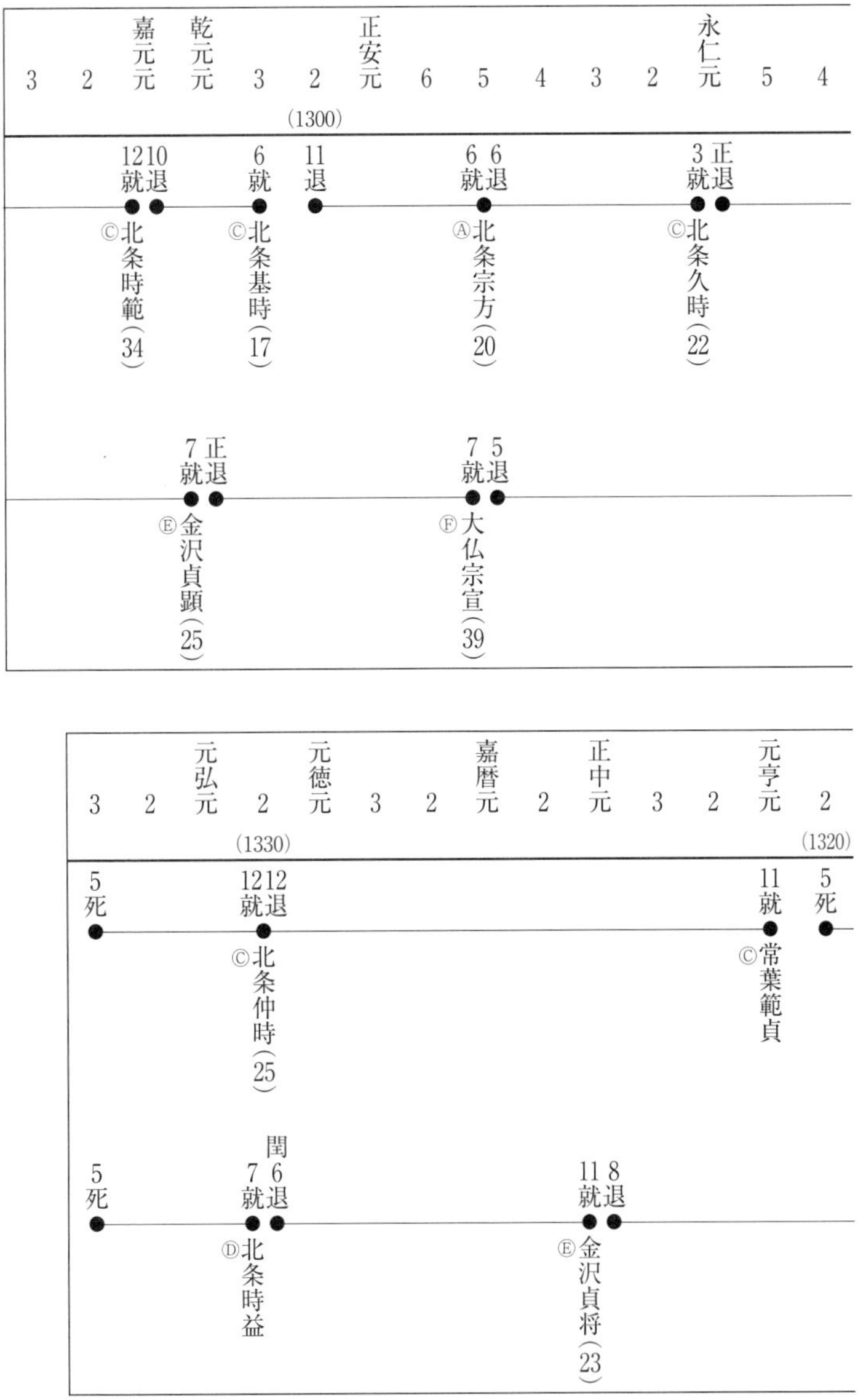
3
2
嘉元元
乾元元
3
2
(1300)
正安元
6
5
4
3
2
永仁元
5
4
12就
10退
Ⓒ北条時範(34)
6就
Ⓒ北条基時(17)
11退
6就
6退
Ⓐ北条宗方(20)
3就
正退
Ⓒ北条久時(22)
7就
正退
Ⓔ金沢貞顕(25)
7就
5退
Ⓕ大仏宗宣(39)
3
2
元弘元
2
(1330)
元徳元
3
2
嘉暦元
2
正中元
3
2
元亨元
2
(1320)
5死
12就
12退
Ⓒ北条仲時(25)
11就
Ⓒ常葉範貞
5死
5死
7就
閏6退
Ⓓ北条時益
11就
8退
Ⓔ金沢貞将(23)

【北条氏略系図】

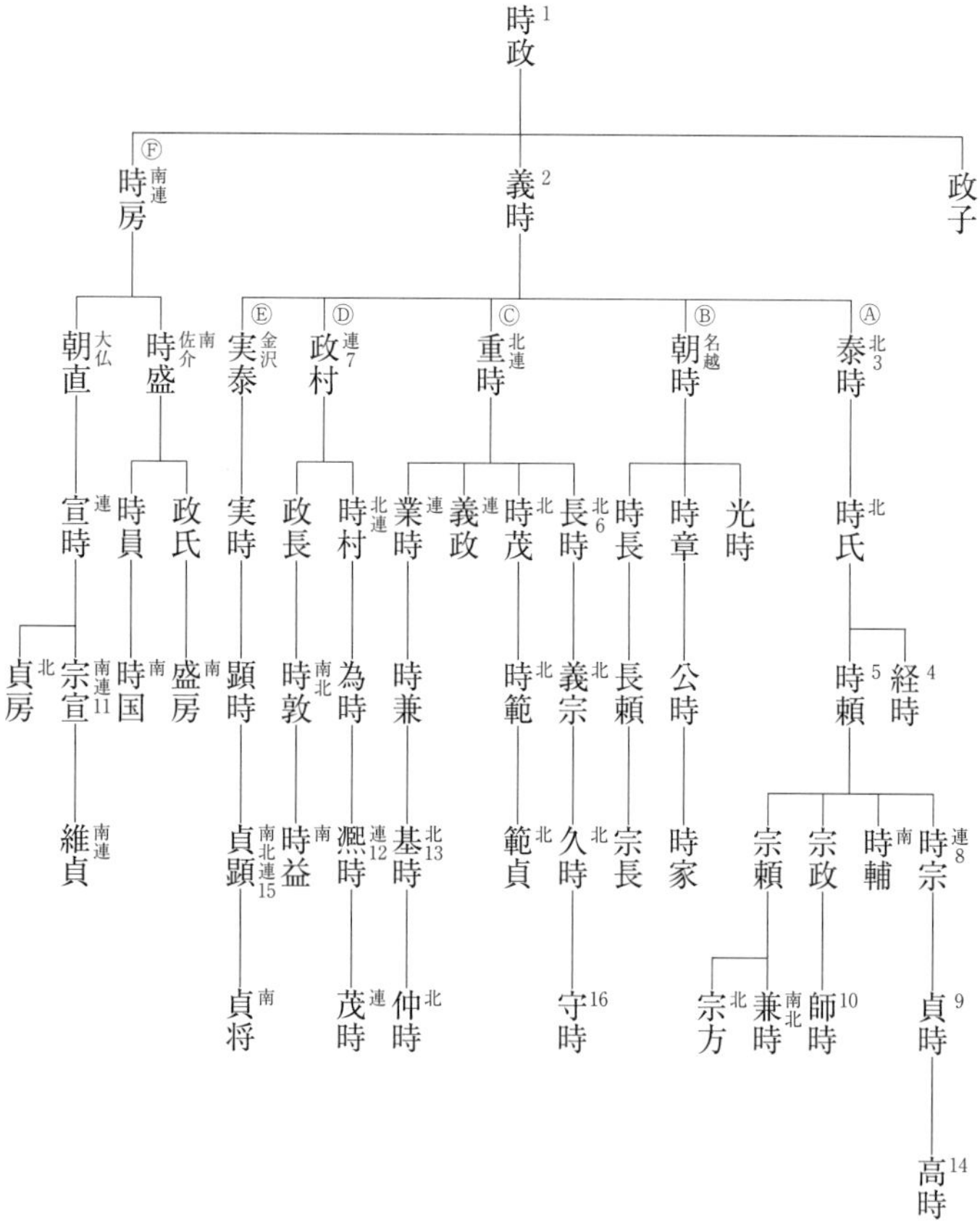

時政 1
政子
義時 2
Ⓕ 時房 南 連
Ⓐ 泰時 北 3
Ⓑ 朝時 名越
Ⓒ 重時 北 連
Ⓓ 政村 連 7
Ⓔ 実泰 金沢
時盛 南 佐介
朝直 大仏
時氏 北
光時
時章
時長
長時 北 6
時茂 北
義政 連
業時 連
時村 北 連
政長
実時
政氏
時員
宣時 連
経時 4
時頼 5
公時
長頼
義宗 北
時範 北
時兼
為時
時敦 南 北
顕時
盛房 南
時国 南
宗宣 南 連 11
貞房 北
時宗 連 8
時輔 南
宗政
宗頼
時家
宗長
久時 北
範貞 北
基時 北 13
凞時 連 12
時益 南
貞顕 南 北 連 15
維貞 南 連
貞時 9
師時 10
兼時 南 北
宗方 北
守時 16
仲時 北
茂時 連
貞将 南
高時 14

極楽寺流北条氏の執権・連署

下山　忍

はじめに

鎌倉時代、卓越した指導力を発揮した源頼朝《みなもとのよりとも》の死後、後継者をめぐる問題とそれに関連した有力御家人《ごけにん》の主導権争いは深刻であったが、次第に後家として幕府内部で大きな力を持っていた政子《まさこ》とその実家である北条《ほうじょう》氏が有力となった。政子の父、北条時政《ときまさ》は二代将軍源頼家《よりいえ》を伊豆《いず》の修禅寺《しゅぜんじ》に幽閉してのちに殺害し、頼家の弟実朝《さねとも》を三代将軍に立てて自らは政所別当《まんどころべっとう》となった。時政の子（政子の弟）義《よし》時《とき》がこれを継ぎ、侍所《さむらいどころ》別当の和田義盛《わだよしもり》を滅ぼして、政所別当に加え侍所別当を兼ねて幕府の実権を掌握した。この地位は執権《しっけん》と呼ばれ、以後代々の北条氏がこれを継承した。

鎌倉幕府の政治体制を三段階に分けて考えた場合、源頼朝が指導力を発揮した時期を典型とする「将軍独裁制」に続いて、北条氏が執権として幕府政治を主導した時期を「執権政治」と呼び、三代執権泰《やす》時《とき》の時期が典型とされる。それに続くのが「得宗《とくそう》専制」である。「得宗」とは北条氏の家督《かとく》のことで、義時が法名《ほうみょう》を徳宗（徳崇）としたことに由来する表現であるという。時政、義時、泰時、時氏《ときうじ》、経時《つねとき》、時頼《ときより》、時宗《ときむね》、貞時《さだとき》、高時《たかとき》の嫡流《ちゃくりゅう》九代を指している。基本的には泰時の嫡流であるが、経時が夭折《ようせつ》したため弟の時頼が継いでいる。

執権政治も得宗専制もいずれも北条氏主導による政治体制であるが、執権政治が御家人の合議を建前としていたのに対し、得宗専制は、得宗を中心とする勢力が幕府要職を独占し、得宗私邸における寄合《よりあい》で重要政策を決定したところに特徴がある。その始期については、①宮騒動《みやそうどう》で前将軍九条頼経《くじょうよりつね》を擁した名越光時《なごえみつとき》らを屈服させ時頼が家督の地位を固めた寛元四年（一二四六）、②時頼が執権を長時《ながとき》に譲った後も権力を保持し続けた康元元年（一二五六）、③二月騒動で北条時輔《ときすけ》・名越時章《ときあき》・教時《のりとき》らが討たれ、時宗が「御恩沙汰《ごおんのさた》」、「官途沙汰《かんとさた》」を掌握した文永九年（一二七二）、④霜月騒動《しもつきそうどう》で有力御家人安達泰盛《あだちやすもり》が滅ぼされた弘安八年（一二八五）、⑦平禅門《へいぜんもん》の乱で内管領《うちかんれい》平頼綱《たいらのよりつな》が滅ぼされた永仁元年（一二九三）などの諸説がある。得宗の代で言えば、①・②が時頼、③が時宗、④・⑤が貞時の時期ということになる。本章では、極楽寺《ごくらくじ》流北条氏の一門中における役割を踏まえて、執権・連署を務めた人物について述べてみたい。

一　北条氏一門における極楽寺流

北条氏一門には、時政の子（義時の兄弟）の代では、時房《ときふさ》に始まる時房流北条氏（のち佐介《さすけ》氏・大仏《おさらぎ》氏などに分流）、義時の子（泰時の兄弟）の代では、朝時《ともとき》に始まる名越氏、重時《しげとき》に始まる極楽寺流北条氏（のち赤橋《あかはし》氏・塩田《しおだ》氏・普恩寺《ふおんじ》氏などに分流）、有時《ありとき》に始まる伊具《いぐ》氏、政村《まさむら》に始まる政村流北条氏、実泰《さねやす》に始まる金沢《かねさわ》氏など多くの家系が生まれ、それぞれがまた分流して幕府滅亡まで続いた。義時の子（泰時の兄弟）を始祖とする家が多く、この時期に北条氏一門が成立していくことが分かる。北条氏一門の諸氏は、六波羅探題《ろくはらたんだい》、評定衆《ひょうじょうしゅう》、引付衆《ひきつけしゅう》など重要役職に就いて幕府政治を支えた。中には、執権・連署として得宗のもとに政治の中枢を担う場合もあった。細川重男氏によれば、北条氏一門の諸家には、次第に幕府役職を基準とする家格の序列化がおき、執権・連署まで上る家系となったのは、得宗家時宗系、得宗家宗政系、極楽寺流赤橋家、極楽寺流普恩寺家、政村流時村系、金沢家顕時《あきとき》系、大仏家宗宣《むねのぶ》系の七家である。分流した諸家を義時の子（泰時の兄弟）の代の家系で括れば、得宗家（泰時流）、極楽寺流（重時流）、政村流、金沢家（実泰流）、時房流の五流ということになる。得宗家を除き、重時、政村、実泰、時房につらなる諸家のみが執権・連署を任されたのである。

本章が扱う極楽寺流北条氏は、泰時の弟重時に始まる家系であり、その名称は重時が晩年の居所とした別業《べつぎょう》がのちに極楽寺となったことに由来する。重時の子である長時（赤橋氏）、時茂《ときもち》（常葉《ときわ》氏）、義政《よしまさ》（塩田氏）、業時《なりとき》（普恩寺氏）に始まる諸家があった。これらの諸家は、鎌倉時代を通して幕府の要職に就いた者が多いが、中でも赤橋氏は得宗家に次ぐ高い家格を有し、長時が第六代執権、その曾孫の守時《もりとき》が第十六代執権を務めた。普恩寺氏からも基時《もととき》が第十三代執権を務めており、極楽寺流で括れば、三名の執権を輩出している。連署についても、重時に加えて、塩田義政、普恩寺業時とこちらも三名が就任している。

二　重時の政治姿勢と『六波羅殿御家訓』

極楽寺流北条氏の始祖重時は、北条義時の三男である。兄に泰時・朝時、弟に有時・政村・実泰らがいる。側室の子ながら執権を継承した泰時に対し、正室の子で嫡流意識の強かったという朝時との微妙な関係があった。その子孫である名越氏も得宗家に敵対的な姿勢をとり、寛元四年（一二四六）の宮騒動や文永九年（一二七二）の二月騒動などにつながっている。重時は朝時より四歳年下の同母弟であったが、この同母兄よりも執権を務めた異母兄泰時への協力を惜しまなかった。

重時は、寛喜二年（一二三〇）〜宝治元年（一二四七）まで六波羅探題を務めた後、宝治元年（一二四七）に鎌倉に召還されて連署に就任する。泰時はすでに亡く、その跡を継いだ経時の夭折を受けて執権となった二十一歳の時頼を補佐するためであった。重時はこの時四十九歳であり、当初はむしろ政治を主導していたと思われる。以後、康元元年（一二五六）までの九年間連署を務めた。政治史との関連で言えば、寛元四年（一二四六）に起こった宮騒動で前将軍九条頼経を擁した名越光時らを屈服させ時頼が家督の地位を固めた。また、関連した頼経を京都に送還し、また康元元年（一二五六）には頼嗣《よりつぐ》も京都に送還するが、こうした将軍派と執権派の対立の中でも一貫して時頼を支えた。

こうした重時の政治姿勢を知ることができるのが『六波羅殿御家訓《ろくはらどのごかくん》』、『極楽寺殿御消息《ごくらくじどのごしょうそく》』の二書である。このうち『六波羅殿御家訓』は息子長時に対して書かれたものである。その内容は四十三ヵ条からなり、出仕における立ち居振る舞い、交際における心構え、従者を召し使う際の心得などが具体的に記されていて興味深い。酒席での作法についての記述も多く、中には女のもとに通う際の諸注意まであって、この時成人したばかりの長時に対する親心を読みとれる。特に注目されるのが、「親方」と呼ぶ得宗家との関係についての記述である。「(親方から)馬を拝領したら、人に任せず、先ず自ら轡《くつわ》をとってから従者に渡すようにせよ」、「(親方とは)決して同席せず、一人隔てた席に着座すること」など細かい所作に係る指示が見られる。これは重時自身が泰時や時頼と接する時に心がけていたことであろう。長時はこれを忠実に守り、得宗家に対する極楽寺流の立ち位置になっていったに違いない。

三　家督幼稚之程眼代――長時執権就任の背景

康元元年(一二五六)十一月に執権の時頼が辞して長時がこれに替わった。極楽寺流から初めての執権就任であるが、それ以上に得宗家以外から初めての執権就任ということの政治的意義が大きい。この前例のない人事の背景には何があったのであろうか。まずは、時頼の跡継ぎである時宗が幼かったことが前提である。この時、時頼は度重なる病魔に襲われて死をも覚悟し、執権を辞して出家することを望んでいた。しかし、子息時宗がまだ六歳であったためにこれに譲ることができず、長時に白羽の矢が立った。『吾妻鏡《あずまかがみ》』はこの立場を「家督幼稚之程眼代《がんだい》」と表現している。すなわち、時宗が成長するまでの代理(つなぎ役)ということであった。ところが、実際には時頼の健康は回復し、「出家ノ後モ、凡世の事ヲバ執行ハレケリ」(『保暦間記《ほうりやくかんき》』)とされるように権力を維持し続けた。この政治体制を得宗専制の画期とする見方もあるが、時頼が長時に執権を譲った時にはそれは予期していなかったと思われる。

この時に、他の北条氏一門ではなく、長時が抜擢された理由については、やはり血縁関係が大きいと考えられる。時宗の母葛西殿《かさいどの》は、北条重時の娘、すなわち長時の妹であり、時宗から見れば、重時は外祖父、長時も伯父ということになる。つまり、この時期の極楽寺流は、北条氏一門であるとともに、得宗家の外戚でもあった。このことが長時の執権就任の大きな理由であろう。これに加えて父重時の実績も大きかったと思われる。重時は連署として時頼を支えていたが、若年の時頼よりも重時が幕政を主導していた時期もあり、それは執権就任の前例に準ずるものとして考えられたかもしれない。高齢となった重時は、康元元年(一二五六)三月に連署を辞して政村と交替している。長時はこの時に連署とならなかったが、その八ヵ月後に執権というそれ以上の政治的地位で父の跡を継いだと見ることもできる。

四　義政の出家遁世事件

長時は、時頼の死の翌年、文永元年(一二六四)に亡くなった。後任の執権には連署の政村が昇格し、連署には十四歳の時宗が就いた。長時の長子には義宗《よしむね》がいたが、まだ十二歳と年少であった。長時の弟には時茂、義政、業時らがいたが、このうち極楽寺流から幕府中枢に迎えられたのは、義政であった。義政は、文永二年(一二六五)に引付衆となり、その二年後には評定衆に加えられた。文永五年(一二六八）には時宗が執権となり、政村が連署に退いてこれを支える新体制が成立したが、その翌年に義政は三番引付頭人《ひきつけとうにん》になっている。引付頭人は他の評定衆や引付衆を率いて裁判の指揮を執る役職で、執権・連署に次ぐ要職と言えた。長時の死後、兄の時茂も存命であったが、六波羅探題在任中でもあり、さらに文永七年（一二七〇）に死去している。また、弟の業時とはおそらくは母の身分差による兄弟間の序列があったと思われる。言わば消去法で義政が極楽寺流を代表することになったが、このことはこの後の彼の行動と無関係ではないように思われる。

義政が連署となるのは文永十年（一二七三）である。前連署政村の死去を受けての就任であった。この時の義政は執権時宗より十一歳年長の三十一歳であったが、老練な政村の後任は荷が重すぎたかもしれない。翌文永十一年（一二七四）には文永の役が起こっているが、それに先立つ文永五年（一二六八）にはモンゴル国書が到達しており、その返書を執拗に求める趙良弼《ちょうりょうひつ》の交渉も文永八年（一二七一）から始まっていた。さらに、文永九年（一二七二）には二月騒動が起こり、時宗は潜在的脅威となる名越時章・教時兄弟や庶兄時輔を粛清してモンゴル対応への並々ならぬ決意を示していた。内外共に緊張が高まっている中での連署就任はかなりの精神的重圧をもたらしたであろうことは想像に難くない。

この時期には、連署義政の署判を欠く幕府発給文書が散見する。そこから推定すると、義政は、文永《ぶんえい》の役《えき》の翌年、建治元年（一二七五）十月頃から幕府に出仕していないようである。翌年閏三月にいったん復帰するものの、七月か八月頃からは再び出仕していない。そして、建治三年（一二七七）四月四日に病により出家し、五月二十八日には鎌倉を出奔《しゅっぽん》して信濃善光寺《しなのぜんこうじ》を参拝した後、所領の信濃国塩田荘に籠居《ろうきょ》してしまったのである。六月五日に引き留めるための使者も遣わされるが、義政は翻意せずに連署と武蔵守《むさしのかみ》を解任されるという顛末であった。

この奇怪な「出家遁世事件」に関しては、①得宗権力確立のための粛清説、②時宗と義政の確執説、③安達泰盛と平頼綱の対立説なども論じられているが、『北条時政以来後見次第』の伝える「所労《しょろう》」という理由はある程度事実と考えた方が良いのではないだろうか。実際に蒙古襲来に直面した幕府首脳としての過労とストレスは相当のものであったはずである。同じく時宗を支えた金沢実時《さねとき》も建治元年（一二七五）五月に「所労」のために所領六浦《むつら》に籠居し、翌年十月に死去している。義政の人物像は詠んだ和歌から垣間見えるのだが、その歌風は繊細で屈折しており、隠遁的方向を志向している。そこからは、危機や困難をしぶとく切り抜けていく人物像は浮かんでこないのである。

そして、義政が最終的に出家遁世の決意を固めたのが、建治二年（一二七六）十二月、六波羅探題北方を務めていた赤橋（北条）義宗が鎌倉に下向《げこう》した時だと思われる。前述のように義宗は長時の長子であり、極楽寺流の「嫡流」にあたる。文永九年（一二七二）の二月騒動では兵をもって北条時輔を粛清するなど時宗の信頼も厚かった。おそらくは連署義政の状況を見た時宗が自分の補佐役として京都から呼び寄せたものであろう。二十四歳になっていた義宗の鎌倉下向に、義政は自分の役割が終わったことを悟ったのではあるまいか。

二月騒動を経て時宗が権力を掌握した時期を得宗専制の画期とする見方もあるが、義政がそれをたすけた徴証は読み取れず、父重時や兄長時のような役割は果たせなかったと言える。義政の隠棲した信濃国塩田荘は国時《くにとき》・俊時《としとき》に伝領し、幕府滅亡まで三代六十年続いたが、この塩田氏からその後執権・連署を出すことはなかった。

五　業時の登場と普恩寺氏

義政解任後、時宗は弘安六年（一二八三）まで六年間、連署を置かずに単独の執権として政務を執った。時宗が連署を置かなかった理由は、おそらくは連署就任を期して京都から呼び寄せた義宗が建治三年（一二七七）に急逝したことによると思われる。その後は信頼する同母弟の宗政《むねまさ》が連署の候補であると言えたが、さすがに執権・連署を得宗家が独占することが憚られたのではないだろうか。その宗政も弘安四年（一二八一）に二十九歳で死去してしまった。

この時、宗政は執権、（不在ながら）連署に次ぐ地位である一番引付頭人であったが、その後任には業時が就いた。業時が正式に連署となるのはその二年後である。極楽寺流からの登用は、北条氏一門中の家格を考慮しての判断だったと思われ、前記義政の「出家遁世事件」がその障害にはなっていなかった事が分かる。この時、嫡流である義宗の長子久時《ひさとき》は九歳と幼少であったために庶流ながら業時が抜擢されたのであろう。業時は、重時の子で長時、時茂、義政の弟である。業時は義政より一歳年長であり、弟とされたのは母の身分差による兄弟間の序列があったと思われ、二人の間には幕府役職の昇任時期にも差があったが、この段階での連署就任は、極楽寺流の「家枠」に適合したということであり、それは義政の出家遁世事件と義宗の夭折によるものであった。

業時が連署を務めたのは弘安六年（一二八三）四月から弘安十年（一二八七）六月までの四年少々である。弘安《こうあん》の役《えき》は連署就任の二年前であるが、蒙古襲来が文永・弘安の二回しかなかったことを知っているのは後世の人々のみで、当時の人々、ことに幕府首脳は三度目の来寇を想定した緊張の中にあった。こうした中、弘安七年（一二八四）四月に執権時宗が三十四歳で死去し、十四歳の貞時が跡を継いだ。四十四歳の業時は、引き続き連署として貞時を支える立場となった。時宗の死によって、貞時母（堀内殿）の兄（養父）であった安達泰盛と貞時の乳母夫《めのとふ》であった内管領（得宗の家宰）平頼綱の対立が顕在化してくる時期であり、業時の苦労が想像される。そうした中で、弘安八年（一二八五）十一月に霜月騒動が起こり、平頼綱により安達泰盛一族が滅ぼされた。

この時の業時の動静については判然としない面もあるが、頼綱は貞時を擁した幕府軍として安達泰盛を討伐していることから、業時は連署としてこれに協力したことは間違いないと思われる。乱後、業時の子時兼《ときかね》が四番引付頭人に抜擢されていることからもそれはうかがえる。霜月騒動は、有力御家人である安達泰盛を滅亡させたという意味では得宗専制の一つの画期と言えるものであるが、業時はそのステージにおけるプレーヤーの一人であり、この一連の政治的緊張への対応力は、兄義政とは異なっていたと言える。

業時の死後、子の時兼は三十一歳と若くして死去したこともあり、引付頭人や評定衆は務めるものの執権・連署への就任はなかった。しかし、その子基時は、わずか一年間ではあったが、正和四年（一三一五）に第十三代執権に就任することになる。得宗貞時が正安三年（一三〇一）に執権を辞してから、その子高時が執権に就任するまでの間に、いわば中継ぎ的に北条氏一門四人の執権就任があったが、基時はその最後にあたり、十四歳になった高時と交代している。この時期、時宗の先例により得宗は十四歳になると執権に就任する慣例があった。

業時に始まる家系は、この基時の建立した寺院である普恩寺にちなんで「普恩寺氏」と呼ばれる。鎌倉時代を通じ、得宗家以外で執権を出している北条氏一門は、赤橋氏、普恩寺氏、政村流、金沢氏、大仏氏に過ぎないが、極楽寺庶流であった普恩寺氏からの執権就任は、業時の連署就任という先例に基づくものであったと言える。

六　最後の執権守時

極楽寺流の嫡流である赤橋氏は、家祖長時の後、義宗、久時と続いた。前述のように連署就任を目前にして夭折した義宗に続き、その子久時もまた三十六歳で亡くなっている。久時も正安三年（一三〇一）には一番引付頭人になっているので、次期連署の候補者と言えたが、その機会は巡って来なかった。久時の子が守時である。赤橋氏の嫡流は、将軍を烏帽子親《えぼしおや》として元服しその一字を与えられるのが通例であったが、この守時の「守」も将軍守邦《もりくに》親王から賜ったものである。

守時が執権になるのは嘉暦元年（一三二六）である。その一ヵ月前には、得宗高時の出家を受けて執権を引き継いだばかりの金沢貞顕《さだあき》の突然の辞任を受けての就任であった。この時期の幕政は「寄合」での合議を中心に運営されており、その権力の中心は得宗被官を代表する長崎高綱《ながさきたかつな》（円喜《えんき》）と高時の岳父（妻の父）である安達時顕《ときあき》にあった。守時は「寄合」に出席してはいたものの、それを主導する立場にはなかったものと思われる。この時期の執権はそのような存在であった。

そうした中で、後醍醐《ごだいご》天皇による討幕への動きが始まった。元弘三年（一三三三）五月に上野国新田《こうずけにった》荘（現群馬県太田市）で挙兵した新田義貞《よしさだ》が鎌倉街道上道を南下した。『太平記《たいへいき》』によれば、当初一五〇騎にすぎなかった新田勢はやがて二〇万騎にふくれあがったという。この数字には誇張もあろうが、挙兵から十日ほどで鎌倉付近にまで迫る破竹の勢いであった。鎌倉突入をくい止めるために、執権守時は洲崎《すざき》（現神奈川県鎌倉市）に布陣してこれを迎撃した。洲崎は、鎌倉の入口にあたる化粧坂《けわいざか》や巨福呂坂《こぶくろざか》につながる要地であり、戦術的に鎌倉方はここを死守しなければならなかった。守時は一日に六十五度まで切り結ぶという激しい戦いを演じたが、衆寡敵《しゅうかてき》せず、ついに敗れて山ノ内まで退き、配下の兵たちとともに自害して果てた。

守時には登子《とうし》という妹がおり、足利高氏《あしかがたかうじ》に嫁いでいた。そのため、幕府内では守時の討幕軍への内応を疑う向きもあったという。洲崎での奮戦はそれを払拭するためのものだったという見方もある。「洲崎古戦場」付近には今も「陣出の泣塔《じんでのなきとう》」と呼ばれる石塔が残る。これは悲運の勇将を悼《いた》む後世の伝承によるものであるが、鎌倉幕府の終焉に当たって、執権としての立場、そして得宗に次ぐ家格であった赤橋氏嫡流としての矜持《きょうじ》を示した守時は従容《しょうよう》として死についたのではあるまいか。そして、幕府滅亡時に、守時の妹登子とその子千寿王《せんじゅおう》は無事に鎌倉を脱出した。この千寿王は足利高氏の嫡子、のちの義詮《よしあきら》である。この脱出劇に守時がどのように介在していたかを知る由もないが、赤橋氏、そして極楽寺流北条氏の血脈は、登子が生んだ室町幕府二代将軍足利義詮に伝えられていくことになったのである。

〔参考文献〕

奥富敬之『鎌倉北条氏の興亡』（吉川弘文館、二〇〇三年）
川添昭二『北条時宗』（吉川弘文館、二〇〇一年）
高橋慎一朗『北条時頼』（吉川弘文館、二〇一一年）
日本史史料研究会監修・細川重男編『鎌倉将軍・執権・連署列伝』（吉川弘文館、二〇一五年）
北条氏研究会編『北条氏系譜人名辞典』（新人物往来社、二〇〇一年）
北条氏研究会編『北条時宗の時代』（八木書店、二〇〇八年）
細川重男『鎌倉政権得宗専制論』（吉川弘文館、二〇〇〇年）
細川重男『鎌倉幕府の滅亡』（吉川弘文館、二〇一一年）
森幸夫『北条重時』（吉川弘文館、二〇〇九年）
渡邊晴美『鎌倉幕府北条氏一門の研究』（汲古書院、二〇一五年）

おわりに
——鎌倉将軍の権威と権力——

伊藤一美

「将軍権力」と「将軍権威」とは何か。またそれを実行できたシステム（ヒト・モノ）とはいかなるものだったか。二回のシンポジウムの目標は突き詰めて言えばこれに尽きる。

鈴木由美氏は、「源氏嫡流《ちゃくりゅう》」とは自己主張であり、流動しながら歴史的に作為され、鎌倉時代にはその確実な史料はない、と主張する。また足利《あしかが》氏は御家人《ごけにん》中の名門であり、頼朝《よりとも》個人に繋がる者（血族として）と位置づけた。将軍となる資格はこの一点に絞られる。同時に「高貴な身分」の者でなくてはならなかった、と指摘する。

北条《ほうじょう》氏は御家人のトップとはいえ、こうした関係はない。飛躍を恐れず言えば、後に足利尊氏《たかうじ》が自ら「将軍」になったのは、男系として継承した背景があったからだ、といえるだろう。改めて「源氏嫡流」とは何かを、考えさせてくれるものである。

菊池紳一氏は、頼朝の権力構想は武蔵《むさし》国（国衙《こくが》支配）及び同国武士団（特に比企《ひき》氏の系類）を基盤として、将軍権力を頼家《よりいえ》に継承させることであった、と見る。そこに北条氏の人脈形成が弟実朝《さねとも》中心になされる理由を見出す。幕府政所《まんどころ》支配下の武蔵国とその武士団を政所執権《しっけん》としての北条時政《ときまさ》が鎌倉殿《かまくらどの》（実朝）「権力」を取りこんでいったとする。氏の構想からみて「将軍権力」を代行する「執権」制はこの時期に萌芽があると見ている。男系では源氏に繋がらない北条氏の生き方は時政によって創られたのである。

関口崇史氏は、「将軍家における血の連続性に対する意識」は幕府北条氏の求める「将軍」像で変化していく、と見る。摂家《せっけ》将軍の選択では女子を通じて頼朝とは血のつながりがあった。つまり次善策と評価する。親王《しんのう》将軍の選択は初めから「征夷大将軍《せいいたいしょうぐん》」としての皇族を迎えることがねらいだった、という。だからこそ宗尊《むねたか》親王将軍時期の公文書には「鎌倉殿の仰せ」ではなく、「将軍家の仰せ」と文言が変化していく。かつて佐藤進一氏がここに注意を促され（『新版古文書学入門』法政大学出版局、一九九七）、網野善彦氏もその理由がわからない（網野善彦・笠松宏至『中世の裁判を読み解く』学生社、二〇〇〇）、と言われたことへの回答がここに生れた。幕府北条氏が求めた「将軍」像は最終的には御家人との主従関係をもつ「将軍権力」ではなく、「隠された将軍」像、つまり「将軍権威」であったのである。

久保木圭一氏は、親王将軍を鎌倉目線でみても希薄な存在だ、とみる。しかし一方では北条氏は前代以来同様に「将軍」家との姻戚関係は求めていた。宗尊と久明《ひさあきら》親王ともに天皇の子で、惟康《これやす》親王は皇孫であった。北条氏は「ブランド力の高い天皇の皇子が幕府の長にふさわしい」とみた、とする。だからこそ官位を挙げて「惟康の皇族化」を図ったとする。この指摘は政治史にも大きく関わり、天皇家の多様な分立を生みだし、直接には南北朝時代を生みだす契機ともなったといえる。総じて武家政権を支える「将軍」の、「権威」の部分をうけ持ったとまとめる。

小池勝也氏は、歴代将軍家の子弟僧たちを精査し、源氏将軍子弟僧らは顕密系寺院入室者が基本であり、当時の政治状況により権力闘争に巻き込まれる可能性が高かったとされた。摂家・宮将軍子弟僧八人は全て天台僧となるが、寺門派と山門派に分派していったという。中でも山門派の子弟僧は鎌倉勝《しょう》長《ちょう》寿院《じゅいん》と日光山の別当《べっとう》を兼務する。源氏の氏寺たる勝長寿院の菩提を彼らが弔うことで「鎌倉将軍家の継続性・一貫性」を持たせようとした北条氏の演出ではないか、とされる。そして徳川幕府による、天台僧の日光山別当と輪王寺宮、さらには上野寛永寺別当による宗教施策の原点をそこに見出されている。なお頼朝の子貞暁《じょうぎょう》については、伊藤一美「源頼朝子息貞暁をめぐる人間関係と吾妻鏡情報」（白川部達夫編『近世関東の地域社会』岩田書院、二〇〇四）の論文も参照されたい。

以上は、鎌倉幕府「将軍」の成立とその「権力」が「権威」に変わりゆく流れを源氏、摂家・親王将軍のそれぞれの時代の政治史と文化史から論点を導きだしている。さらなる詳細は各論文にあたってほしい。

次に「将軍権力」を代行していった、幕府の機構（モノ）についてみていく。

久保田和彦氏は、鎌倉政権成立の当初から複数の者が「連署《れんしょ》」することは自明の事ではないとした上で、北条時房《ときふさ》と泰時《やすとき》の「連署」制成立の起点を貞応三年（一二二四）六月二十八日、北条政子《まさこ》による「軍営御後見」（政務の代官）の任命に求め、これまでの通説（嘉禄元年〈一二二五〉七月、泰時による時房の任命）を否定された。論証過程は緻密で良く理解できる。北条時房の、六波羅《ろくはら》時代の政治的位置、垸飯《おうばん》の実施序列、大倉邸を始めとする屋敷地の継承順位でもその優位性を明確にしている。連署とは、単なる執権の輔佐ではなく、北条得宗《とくそう》家一門であって、幕府機構においても執権・連署はともに「執権」であったのである（『沙汰未練書《さたみれんしょ》』）。なお、充実した詳細な執権・連署一覧をぜひ活用してほしい。

森幸夫氏は、六波羅探題就任者の出自追跡、探題経験者の鎌倉帰還後の執権・連署就任状況、両経験者の幕府政策への反映の三点について明らかにする。南北両探題が揃うのは建治三年以降であるが、初代の北条泰時（北）と時房（南）以来、南が不在の事もあった。得宗流、極楽寺《ごくらくじ》流が北で、時房流は南に就任、北が上位であった。鎌倉へ帰還した後、健康上の理由以外は執権・連署に就任している。朝廷や公家との対応など、複雑な実務経験を優先する傾向が見て取れるという。その分、在職中の死亡も多いのもストレスによるとするのもうなづける。六波羅経験を生かした幕府施策も「飛礫《つぶて》の解禁」「山僧の寄沙汰禁止」「本所一円悪党」対策など指摘している。なお、詳細な探題一覧表も活用されたい。

下山忍氏は、北条義時《よしとき》の子たちから分派した極楽寺流（赤橋《あかはし》家）、普恩寺《ふおんじ》流（普恩寺家）の政治的地位を具体的に追及する。赤橋家は得宗に次ぐ位置を占め、極楽寺流では執権を三人出したという。その政治的力量の基盤が重時《しげとき》により形作られ、塩田義政《しおだよしまさ》の出奔事件もあったが、幕末まで存続する。最後の執権赤橋守時《もりとき》には妹登子《とうし》が足利尊氏室となった関係から、極楽寺流北条赤橋家の血筋は足利氏に継承されたことも歴史の偶然と言えようか。守時や登子、そして尊氏の滞在した屋敷図が重要文化財「浄光明寺敷地絵図」（泉谷山浄光明寺蔵）なのである。尊氏の想いが籠められた絵図とするのはうがち過ぎだろうか。

以上のように二回のシンポジウムにより、源頼朝が歴史的に主張・形成・体現した鎌倉将軍「権力」と「権威」が以降の歴代将軍に、分立した様相で象徴的に現れることが明らかだろう。それを政治機構としてトップを担ったのが「執権・連署」者たちであり、多くの御家人や奉行人たち、実務担当者であった。

歴代将軍家の子弟らも宗教世界でその活躍は目覚ましいものがあった。また朝廷対策では六波羅探題の役目が大きかったことは言うまでもない。その構成は明らかになったが、さらに時期は異なるが鎮西《ちんぜい》探題・長門《ながと》探題なども同時に位置づける必要があろう。

「将軍権力」はどこまで通用したのか。この課題こそが鎌倉幕府の存在を明らかにするキーワードであることはまちがいないだろう。

あとがき

本書『将軍・執権・連署―鎌倉幕府権力を考える―』は、二〇一五年に刊行された日本史史料研究会監修・細川重男編『鎌倉将軍・執権・連署列伝』（吉川弘文館、以下『列伝』とする）の展開編とでもいうべき内容となっている。『列伝』刊行の経緯は本書で細川氏が詳述しているのでここでは述べないが、『列伝』はその書名のとおり鎌倉将軍・執権・連署を務めた人物の経歴を詳細に解説した。つまるところ『列伝』は、鎌倉時代政治史研究の基礎的な素材を人物史という視点で一般の読者にもわかりやすく提供することを目的とした本である。

この『列伝』が刊行されたことにより、吉川弘文館の共催を得て二回のシンポジウムが開催された。第一回目は、一般的には馴染みの薄い摂家将軍、親王将軍、連署にスポットをあて、報告者もパネラーも『列伝』の執筆陣が務め、進行役は『列伝』編者の細川氏と、本会が『列伝』の内容から検討して依頼した伊藤一美氏の二人が務めた。

このシンポジウムでは、討論でパネラーのコメントや会場からの質問があり、かなり白熱した議論が交わされ、結果、第二回目のシンポジウムが開催されることになった。二回目では①そもそも源氏将軍の権威とは何か、源頼朝は関東（とくに武蔵国）をどのように支配していったかなどの源氏将軍の問題、

②執権・連署では、京都の六波羅探題との関係性などが課題として議論されることになった。結局は、『列伝』の内容を二回のシンポジウムで網羅したのである。

また、北条氏の一門が分派していくなかでの家系を念頭に置いた（特に北条重時《しげとき》に始まる極楽寺流）執権・連署の展開などについて、第一回シンポジウムの討論で発言された下山忍氏に原稿を依頼して本書には収録した。さらに、中世の権門は公家・武家・寺社の三権門が並立する時代でもあり、歴代の鎌倉将軍の子弟がどのような寺院に入ったのかということが第一回目のシンポジウムを終えて問題になった。したがって、二回目のシンポジウムでは、小池勝也氏に依頼して鎌倉将軍と寺院という視点で報告を行った。この視点も大きな意味では鎌倉将軍の権威・権力の問題である。

本書は以上のような二回のシンポジウムを踏まえた内容となっている。本書の書名のとおり、鎌倉幕府の中枢である将軍・執権・連署の展開を通して「鎌倉幕府権力を考える」ことが目的なのである。

本書は一見難しそうな内容であるが、各執筆者には一般書であることを踏まえた内容の原稿を依頼し、テーマに応じて自由に論じていただいた。本書が鎌倉時代を理解する上での一助となればと切に願うところである。

最後に読者の皆さんの忌憚のないご批判と一層のご教授を賜ることができれば幸いである。

二〇一八年一月

日本史史料研究会代表　生駒哲郎

執筆者紹介（生年、現職／主要著書・論文――執筆順）

細川重男（ほそかわ　しげお）　一九六二年生、國學院大學非常勤講師
『鎌倉将軍・執権・連署列伝』（編著、吉川弘文館、二〇一五年）

鈴木由美（すずき　ゆみ）　一九七六年生、中世内乱研究会会長、日本史史料研究会研究員
「建武三年三月の「鎌倉合戦」―東国における北条与党の乱の事例として―」（『古文書研究』七九号、二〇一五年）

菊池紳一（きくち　しんいち）　一九四八年生、元（財）前田育徳会常務理事
『加賀前田家と尊経閣文庫―文化財を守り、伝えた人々―』（勉誠出版、二〇一六年）

関口崇史（せきぐち　たかし）　一九七〇年生、大正大学非常勤講師
「摂家将軍期における二所詣」（阿部猛編『中世政治史の研究』日本史史料研究会、二〇一〇年）

久保木圭一（くぼき　けいいち）　一九六二年生、中世内乱研究会会員
「王朝貴族としての惟康親王―鎌倉期における皇族の処遇について―」（阿部猛編『中世政治史の研究』日本史史料研究会、二〇一〇年）

小池勝也（こいけ　かつや）
一九八七年生、東京大学大学院人文社会系研究科博士課程
「室町期鶴岡八幡宮寺における別当と供僧」（『史学雑誌』一二四編一〇号、二〇一五年）

久保田和彦（くぼた　かずひこ）
一九五五年生、神奈川県立鎌倉高等学校教諭
「六波羅探題発給文書の研究―北条泰時・時房探題期について―」（『日本史研究』四〇一号、一九九六年）

森　幸夫（もり　ゆきお）
一九六一年生、國學院大學非常勤講師
『中世の武家官僚と奉行人』（同成社、二〇一六年）

下山　忍（しもやま　しのぶ）
一九五六年生、東北福祉大学教育学部教授
『もういちど読む山川日本史史料』（共編、山川出版社、二〇一七年）

伊藤一美（いとう　かずみ）
一九四八年生、ＮＰＯ法人鎌倉考古学研究所理事
「宮内庁図書寮文庫所蔵「犬之書」と犬医療行為の歴史」（『日本獣医史学雑誌』五四号、二〇一七年）

将軍・執権・連署

鎌倉幕府権力を考える

二〇一八年(平成三十)三月一日　第一刷発行

編　者　日本史史料研究会

発行者　吉　川　道　郎

発行所　株式会社　吉川弘文館

郵便番号一一三―〇〇三三
東京都文京区本郷七丁目二番八号
電話〇三―三八一三―九一五一(代)
振替口座〇〇一〇〇―五―二四四番
http://www.yoshikawa-k.co.jp/

組版＝文選工房
印刷＝藤原印刷株式会社
製本＝ナショナル製本協同組合
装幀＝河村　誠

ISBN978-4-642-08331-7